AUTORE

Eduardo Manuel Gil Martínez (25 giugno 1970) è uno storico e appassionato della storia spagnola da diversi anni, principalmente sulla seconda guerra mondiale e l'età della Reconquista. Autore di numerosi testi sulla seconda guerra mondiale per riviste spagnole e italiane come "Revista Española de Historia Militar", AMARTE, "Ritterkreuz" o " Le forze dell'asse nella seconda guerra mondiale 1939-1945". Oltre al titolo che pubblichiamo è anche l'autore di: "Sevilla Reina y Mora. Historia del reino independiente sevillano. Siglo XI", "Breslau 1945. El último bastión del Reich", "Gli spagnoli nelle SS e nella Wehrmacht. 1944-45. L'unità Ezquerra nella battaglia di Berlino", "L'aeronautica bulgara nella seconda guerra mondiale. L'alleato dimenticato della Germania", "Forze corazzate rumene nella seconda guerra mondiale", "Forze corazzate ungheresi nella seconda guerra mondiale", "Aeronautica spagnola nella seconda guerra mondiale", "Hispano Aviación Ha-1112" (sull'ultimo Messerschmitt 109 mai costruito in Spagna) e altri testi per importanti editori come Almena , Kagero, Schiffer e Pen & Sword.

Juan Arráez Cerdá è un esperto di aviazione spagnola e proprietario di una delle migliori collezioni di immagini dell'aviazione spagnola. È autore di numerosi libri e articoli sull'aviazione (in francese e spagnolo).

PER LE FOTO SI RINGRAZIANO:
LET: LUIS EUGENIO TOGORES
CCJ: CARLOS CABALLERO JURADO POR MEDIO DE JUAN ARRÁEZ CERDÁ
NEG: NEGREIRA POR MEDIO DE JUAN ARRÁEZ CERDÁ
BIBLIOTECA VIRTUAL DE DEFENSA (BVD)
JUAN ARRÁEZ CERDÁ (JAC).

PUBLISHING'S NOTES

None of unpublished images or text of our book may be reproduced in any format without the expressed written permission of Luca Cristini Editore (already Soldiershop.com) when not indicate as marked with license creative commons 3.0 or 4.0. Luca Cristini Editore has made every reasonable effort to locate, contact and acknowledge rights holders and to correctly apply terms and conditions to Content. Every effort has been made to trace the copyright of all the photographs. If there are unintentional omissions, please contact the publisher in writing at: info@soldiershop.com, who will correct all subsequent editions.
Our trademark: Luca Cristini Editore©, and the names of our series & brand: Soldiershop, Witness to war, Museum book, Bookmoon, Soldiers&Weapons, Battlefield, War in colour, Historical Biographies, Darwin's view, Fabula, Altrastoria, Italia Storica Ebook, Witness To History, Soldiers, Weapons & Uniforms, Storia etc. are herein © by Luca Cristini Editore.

LICENSES COMMONS

This book may utilize part of material marked with license creative commons 3.0 or 4.0 (CC BY 4.0), (CC BY-ND 4.0), (CC BY-SA 4.0) or (CC0 1.0). We give appropriate attribution credit and indicate if change were made in the acknowledgments field. Our WTW books series utilize only fonts licensed under the SIL Open Font License or other free use license.

For a complete list of Soldiershop titles please contact Luca Cristini Editore on our website: www.soldiershop.com or www.cristinieditore.com. E-mail: info@soldiershop.com

IN MEMORIAM: Eduardo Gil e Juan Arráez

Titolo: **VOLONTARI SPAGNOLI IN GERMANIA NELLA SECONDA GUERRA MONDIALE - VOL. 2**
Code.: **WTW-059 IT** di Eduardo Manuel Gil Martínez e Juan Arráez Cerdá
ISBN code: 9791255891208 prima edizione maggio 2024
Lingua: Italiano. Dimensione: 177,8x254mm. Cover & Art Design: Luca S. Cristini

WITNESS TO WAR (SOLDIERSHOP) is a mark of Luca Cristini Editore, via Orio, 33/D - 24050 Zanica (BG) ITALY.

WITNESS TO WAR

VOLONTARI SPAGNOLI IN GERMANIA NELLA SECONDA GUERRA MONDIALE - VOL. 2

WEHRMACHT, WAFFEN SS E SD

PHOTOS & IMAGES FROM WORLD WARTIME ARCHIVES

EDUARDO MANUEL GIL MARTÍNEZ
JUAN ARRÁEZ CERDÁ

BOOKS TO COLLECT

INDICE

LA LEGIONE BLU (1943-1944)..5
    Formazione...5
    Azioni di combattimento...7
    Rimpatrio..11

GLI ULTIMI DEGLI ULTIMI..35
    Spagnoli con le Waffen SS, la Wehrmacht e l'SD...36
    Combattere con la Wehrmacht, le Waffen SS e l'SD..39

RIMPATRIO...65

UNIFORMI...79

DECORAZIONI..80

EQUIVALENZE DEI GRADI DELLE WAFFEN SS E DELLA WEHRMACHT CON QUELLI DELL'ESERCITO SPAGNOLO...82

BIBLIOGRAFIA...96

▲ Vari divisionari posano per la macchina fotografica durante un momento di riposo (NEG).

LA LEGIONE BLU (1943-1945)

A causa delle pressioni degli Alleati, il 24 settembre 1943 il governo spagnolo fu costretto a ritirare la Divisione Blu (la sua ultima azione di guerra fu quella di respingere un attacco sovietico il 5 ottobre 1943), lasciando però un piccolo contingente di circa 2269 uomini, nella cosiddetta Legione Blu, per evitare contrattempi da parte dei tedeschi nel rimpatrio della Divisione. Quest'ultima iniziò a prendere forma il 20 ottobre 1943 e fu ufficialmente costituita il 17 novembre successivo, a livello reggimentale e sotto il comando del colonnello Antonio García Navarro. Il rimpatrio dei membri della Divisione Blu fu scaglionato e si concluse prima della fine del dicembre 1943.

Formazione

Al momento della partenza della DA, circa 2.200 uomini erano ancora integrati nella struttura dell'esercito tedesco, che fu chiamata Legione Volontaria Spagnola (LEV) o più popolarmente Legione Azzurra (in questo testo useremo entrambi i nomi in modo intercambiabile) e in Germania Legione Spanische-Freiwilligen, sotto il comando del colonnello Navarro. Il 17 novembre, il generale Esteban-Infantes firmò l'ordine che dava vita alla LEV. Questa Legione fu incorporata nella 121ª Divisione di Fanteria tedesca e può essere assimilata a un Reggimento di Fanteria rinforzato (nel 1944 c'erano già molti Reggimenti di Fanteria tedeschi che avevano solo due Battaglioni, mentre la Legione Blu aveva 3 Bandiere che corrispondevano a 3 Battaglioni). Fatto curioso, l'unità spagnola non ricevette alcun numero di identificazione all'interno dell'esercito tedesco.
Vale la pena notare che sia gli uomini della DEV che quelli della LEV mostrarono sempre un carattere affabile e un eccellente trattamento della popolazione civile sovietica. Infatti, non solo le autorità sovietiche non hanno mosso alcuna accusa di crimini di guerra contro i volontari spagnoli, ma i civili sovietici che vivevano con le truppe spagnole erano sempre grati per il comportamento umano degli spagnoli nonostante le difficoltà.

ORGANIZZAZIONE

Questa unità spagnola, formata in gran parte da soldati che avevano fatto parte della Divisione Blu, contava circa 2.269 volontari (110 ufficiali, 114 sottufficiali e 2.045 soldati di truppa) distribuiti in 2 bandiere di Fanteria, 1 bandiera mista di Sanità e Quartier Generale e lo Stato Maggiore come segue (basato su Caballero Jurado e Moreno Juliá):

Comando: colonnello di fanteria con diploma di Stato Maggiore, Antonio García Navarro, ultimo capo di Stato Maggiore della Divisione Blu, con il tenente colonnello Modesto Sáenz de Cabezón Capdet come suo vice.

Stato Maggiore (PM), servizi e Gendarmeria: 174 uomini (di cui 78 appartenenti alla Gendarmeria). Lo Stato Maggiore era comandato dal Maggiore Ramón Abenia Arenas ed era diviso in PM tattico e PM amministrativo; la Gendarmeria aveva una Sezione di Avanguardia e una Sezione di Retroguardia.

1° Banda Granatieri: 579 uomini e la solita struttura di un battaglione di fanteria tedesco.
Capo, Comandante della Fanteria Antonio Ibarra Montis.
- Stato Maggiore (con 59 uomini), compresa una sezione d'assalto.
- 1ª Compagnia granatieri (122 uomini).
- 2ª Compagnia granatieri (122 uomini).
- 3ª Compagnia granatieri (115 uomini).
- 4ª Compagnia mitragliatrici e mortai (161 uomini, 12 mitragliatrici e 6 mortai).

(ogni compagnia era composta da circa tre sezioni di 32 uomini e da uno Stato Maggiore di 14 uomini, anche se questo numero di uomini non era esattamente rispettato).

Seconda Banda Granatieri: 639 uomini e la consueta struttura di un battaglione di fanteria tedesco.

Comandante: Comandante di Fanteria José María García Mendoza.
- Stato maggiore (con 75 uomini), compresa una sezione d'assalto.
- 5ª Compagnia granatieri (138 uomini).
- 6ª Compagnia granatieri (140 uomini).
- 7ª Compagnia granatieri (135 uomini).
- 8ª Compagnia mitragliatrici e mortai (151 uomini, 12 mitragliatrici e 6 mortai).

Tercera Bandera Mixta: 786 uomini e consisteva in un'unità mista.
Comandante: Comandante dell'artiglieria José Virgili Quintanilla.
- Stato Maggiore (con 28 uomini).
- Compagnia anticarro (162 uomini). Composta da 6 sezioni con 1 cannone da 50 mm e 1 da 75 mm ciascuna. Questa Compagnia era l'unità più motorizzata, in quanto disponeva di 7 autovetture, 9 motociclette e 19 autocarri.
- Squadrone di esplorazione (con 76 uomini). Composto da 2 Sezioni e da un totale di 6 mitragliatrici leggere e 74 biciclette.
- Compagnia di genieri (123 uomini). Composta da 2 sezioni e da un totale di 6 mitragliatrici leggere e 3 lanciafiamme leggeri.
- Compagnia di radiodiffusione (101 uomini). Composta da 1 Sezione Radio e 1 Sezione Telefonica.
- Compagnia cannonieri (con 191 uomini). Con quattro cannoni da 75 mm e quattro da 150 mm.
- Squadriglia Legionari (con 44 uomini).
- Sezione trasporti (con 25 uomini).
- Sezione Quartiermastro (con 20 uomini).
- Polizia militare (con 21 uomini).
- Altri (con 49 uomini).

Sanità (con 111 uomini).
Aveva due sezioni, una per le evacuazioni e una per la stazione di soccorso (che fungeva da ospedale da campo).

Servizi nella retroguardia (Riga): ospedale di evacuazione, ufficio paghe, casa di riposo e interpreti. Ospedali di convalescenza con personale spagnolo erano disponibili anche a Königsberg e Berlino (tutti con un numero ridotto di personale).

Le Compagnie 1ª, 2ª, 3ª, 5ª, 6ª e 7ª sono state costituite come segue:
- Stato Maggiore.
- 3 sezioni di fucilieri (ogni sezione era composta da 3 plotoni). Equipaggiato con un totale di 9 mitragliatrici leggere.
- 1 sezione mortai (con 2 mortai da 80 mm).
- Bagaglio da combattimento dell'unità.

La 4ª e l'8ª Compagnia mitraglieri erano costituite come segue:
- Stato Maggiore.
- 1 plotone di cacciatori di carri armati.
- 3 Sezioni di mitragliatrici pesanti. Con 12 mitragliatrici in totale).
- 1 Sezione di malta mista. Con 2 malte da 80 mm e 6 da 120 mm.
- Bagaglio da combattimento dell'unità.

Secondo lo studio di Caballero Jurado, ogni Banda aveva 27 mitragliatrici leggere, 12 mitragliatrici pesanti, 8 mortai da 80 mm e 6 mortai da 120 mm. Come era consuetudine nell'esercito tedesco, la maggior parte delle unità era ipo-mobile, con ogni Banda che aveva solo 1 camion, 1 auto e 4 motociclette con sidecar.

Azioni di combattimento

L'unità spagnola fu concentrata a Jamburg (vicino a Narva) a metà novembre 1944. Lì i volontari della Legione Blu furono (di nuovo) addestrati e riequipaggiati. È interessante notare che le strutture in cui erano alloggiati gli uomini della Legione Blu appartenevano in precedenza all'Armata Rossa. Durante questo breve ma intenso periodo di addestramento di tre settimane, gli ufficiali spagnoli imposero una rigida disciplina per preparare al meglio le truppe all'imminente impiego in combattimento. Il 3 dicembre, prima di completare l'addestramento, le truppe spagnole dovettero partecipare a un'operazione antipartigiana chiamata "Partisanschtshina" per sloggiare gruppi di partigiani nei pressi di Krutyye Ruch'i. Le unità che dovevano svolgere questa missione furono inviate all'Armata Rossa nella zona di Krutyye Ruch'i, dove si trovava l'Armata Rossa. Le unità che dovevano svolgere questa missione erano la 1ª e la 2ª Compagnia Fucilieri del 1° Fianco, un plotone di mitragliatrici e il Comando del 1° Fianco. L'1+3 partirono in camion in direzione del villaggio di Ivanovskoye, a 5 km da Krutyye Ruch'i, con la missione di liberare l'area da cecchini e partigiani e di evacuare la popolazione civile (per evitare che aiutasse la guerriglia sovietica). Tra il 3, il 4 e il 5 svolsero queste missioni di "pulizia" e il 6 ricevettero l'ordine di tornare alla caserma di Jamburg, dove tra le 16.00 e le 16.30 arrivarono in camion le diverse unità spagnole. I soldati spagnoli non erano molto entusiasti di questa missione perché dovevano sfrattare i civili dalle loro case e poi darle alle fiamme, mentre quello che volevano fare era affrontare l'Armata Rossa. Nonostante ciò, portarono a termine bene la loro missione, per la quale i soldati spagnoli ricevettero le congratulazioni del comandante militare di Jamburg.

La durezza fu tale che durante questo periodo di addestramento ci furono 7 diserzioni e altri 6 tentativi e 6 automutilazioni furono sventati. Di fronte a questa difficile situazione, 75 uomini che non erano considerati "affidabili" per rimanere nell'unità furono rimpatriati forzatamente in Spagna.

L'ansia di combattere era palpabile nell'atmosfera, ma gli spagnoli non dovettero aspettare ancora a lungo, perché presto sarebbero stati assegnati a Lyuban, con la LEV collegata alla 121ª Divisione tedesca, alle dipendenze della XVIII Armata e comandata dal generale Hellmuth Priess. La destinazione scelta dagli spagnoli per entrare in linea era a sud-est di Leningrado, nella zona di Begogolovo-Shapki-Kostovo, un'area dove c'erano appena 4 o 5 ore di luce al giorno. Inoltre, quest'area si trovava a ovest del fiume Volchow e a nord del lago Ilmen e di Novgorod. Essendo una zona paludosa, gli insetti erano abbondanti e le condizioni in pieno inverno erano molto dure. Oltre alle paludi, c'erano foreste di abeti rossi, alti abeti sparsi e terreni ondulati con frequenti radure, che rendevano le strade precarie e impraticabili, anche se da un punto di vista difensivo questo era un vantaggio, in quanto rendeva impossibile un grande attacco frontale alle unità spagnole.

Il 13 dicembre a Jamburg l'unità spagnola fu messa in allerta e la prima a raccogliere l'abbigliamento da campo invernale fu la II Bandera. Il 15 alle 6 del mattino gli uomini della II Bandera, pronti per il combattimento, lasciarono Amburgo in camion per essere trasferiti alla stazione ferroviaria, da dove partirono alle 22 circa in direzione ovest verso Shapki. Anche gli uomini del 1° Führer ricevettero l'ordine di partire lo stesso giorno, il 15, e procedettero su strada verso la stazione ferroviaria, partendo contemporaneamente al 2° Führer. Il viaggio proseguì per tutto il 16, arrivando a Shapki alle 16.00. Dopo essere scesi dal treno, i legionari hanno percorso 3 km a piedi (l'equipaggiamento dell'unità è stato trasportato su camion) fino alle vicinanze di Kostovo, dove hanno alloggiato in bunker e case disabitate. Il 16 il 2° Fianco arrivò a Shapki e partì per Kostovo. Il 17, le truppe del 3° Fianco arrivarono con il terzo treno, alleggerendo completamente le truppe della 121ª Divisione tedesca e del 405° Reggimento. L'area occupata dagli spagnoli era di 12 km della linea del fronte statico tra Shapki-Belovo-Kostovo (un'area paludosa e malsana), dove alleggerirono alcune unità tedesche dal fronte.

Il 18 a mezzogiorno il 1° Bandiera si mosse verso la linea del fronte. Doveva percorrere 26 km e procedette immediatamente a dare il cambio alle due unità tedesche schierate in quel punto verso le 5:00 del mattino del 19.

Il 1° Fianco alleggerì parzialmente il 2° Battaglione del 407° Reggimento, mentre il 2° Fianco alleggerì il 1° Battaglione del 405° Reggimento e il 121° Battaglione d'allarme. A sud della linea di truppe spagnole si trovavano il 121° battaglione genieri e il 2° battaglione del 405° reggimento; davanti alle posizioni delle truppe della Legione Blu c'erano le paludi e dietro di esse una serie di strade che portavano a Kostovo. La distribuzione finale delle truppe prevedeva che sul fronte settentrionale la I Bandiera fosse schierata per 5 km e la II Bandiera per i restanti 7 km, affiancata dal 407° Reggimento tedesco a sinistra e dal 405° Reggimento tedesco a destra.

A circa 6 km da Kostovo si trovava l'accampamento "Westfalia", dove si trovavano il posto di comando del colonnello García Navarro, quello del III FLAG, la Compagnia genieri (come riserva della Legione Blu) e due sezioni di riserva del I e del II FLAG. Da parte sua, la III Banda fu dislocata nelle retrovie nelle città di Belovo e Kostovo, dove furono distribuite le unità di artiglieria e anticarro per poter sostenere le unità di prima linea. A Kostovo si trovava una stazione di soccorso con 40 posti letto e a Shapki una sezione per le riparazioni di automobili appartenente al 3° Fianco.

Davanti agli spagnoli si trovavano la 177ª Divisione e la 614ª Brigata sovietiche. A sud era schierata l'80ª Divisione e lungo la linea si trovavano il 29° Gruppo di artiglieria, la 12ª e la 124ª Brigata corazzata e varie unità di fucilieri. Nonostante tutto questo potenziale sovietico schierato di fronte agli spagnoli, la zona in cui questi ultimi erano posizionati può essere considerata un'area ben scelta dai tedeschi per evitare un attacco frontale dei sovietici contro un'unità non tedesca. L'Armata Rossa era molto calma, ma questa calma (rotta solo dall'effetto del tifo sui soldati e da alcuni piccoli attacchi che furono adeguatamente respinti, anche se la Legione Blu subì le prime perdite) era quella che precedeva la calma perché a metà gennaio 1945 sarebbe scoppiata la "tempesta" su tutto il fronte tedesco che avrebbe posto fine all'assedio di Leningrado e costretto i tedeschi a ritirarsi verso i Paesi Baltici.

Il 18 all'alba gli spagnoli dovettero respingere un attacco di pattuglie sovietiche, ferendo un legionario della 2ª Brigata e successivamente un altro fu ferito da colpi di mortaio. Il 18 dicembre arrivò l'ultimo treno con le forze e i rifornimenti rimanenti, che furono posizionati a Kostovo. Così tra il 20 e il 23 dicembre, quando i servizi sanitari e di quartier generale furono finalmente installati, il dispiegamento della LEV può essere considerato completo. Gli attacchi delle pattuglie nemiche e le conseguenti scaramucce con le truppe sovietiche erano frequenti. Gli spagnoli rispondevano con il fuoco dei mortai, mantenendoli sulle loro posizioni.

Tra il 24 e il 27 dicembre i sovietici effettuarono diversi attacchi contro la zona in cui si trovavano gli spagnoli, resistendo bene agli attacchi nemici nonostante le rigide condizioni climatiche. La tensione in cui versavano gli spagnoli si manifestò il 27, quando un legionario che era l'autista del colonnello LEV disertò a sua volta. Il 30 dicembre fu respinto un altro importante attacco nemico. Tra l'11 e il 12 gennaio gli uomini della Legione Blu erano già in stato di allarme per l'imminente attacco sovietico su tutto il fronte settentrionale.

Fino al 13 gennaio, le forze sovietiche fecero poche incursioni nella zona "spagnola", ma le molestie tra le due parti erano continue.

Il 13 e 14 gennaio i sovietici sondarono le posizioni spagnole e tedesche sui fianchi dell'unità spagnola. Il 14 gennaio 1944 iniziò l'offensiva finale russa sui fronti di Leningrado e Volkhov per liberare Leningrado. Le divisioni tedesche schierate in queste aree furono travolte dal rullo compressore sovietico tra le città di Oranienbaum e Pushkin, anche se la Legione Blu non ricevette l'attacco direttamente (anche se le unità tedesche schierate ai suoi fianchi lo ricevettero). Nella notte tra il 14 e il 15 l'Armata Rossa iniziò la sua offensiva invernale. La spinta dell'attacco russo fu tale che le linee tedesche vennero rapidamente frantumate e Novgorod fu catturata il 20. Di fronte a questa situazione, fu dato l'ordine generale a tutta la 18ª Armata di ritirarsi lungo la strada Gatchina-Luga. In un primo momento le truppe spagnole non ricevettero direttamente l'attacco sovietico, anche se le unità tedesche ai loro fianchi venivano attaccate, aumentando il rischio di essere accerchiate. Il 15 i sovietici continuarono ad attaccare il 408° Reggimento. Il 17 il generale Hellmuth Priess (comandante della 121ª Divisione tedesca) spostò il suo quartier generale nell'area in cui i sovietici stavano entrando e formò un gruppo di battaglia con il 407° Reggimento e la LEV. Il 18 gli spagnoli respinsero un attacco sovietico, ma poiché la situazione era critica, la compagnia di genieri della LEV (che era la riserva della Legione) ricevette degli autocarri per essere trasportata immediatamente nel luogo in cui era richiesta.

In soli quattro giorni la situazione sul fronte divenne drammatica per i tedeschi in ritirata. Gli spagnoli, di fronte al pericolo di essere accerchiati dopo la ritirata dei loro compagni tedeschi, ricevettero l'ordine di ritirarsi attraverso un terreno pieno di foreste e fiumi ghiacciati verso Lyuban. Lyuban era un nodo ferroviario fondamentale, il cui possesso avrebbe permesso ai russi di rompere definitivamente l'assedio tedesco di Leningrado; quindi, la Legione Blu fu incaricata di prendere la stazione ferroviaria.

Il 19 alle 15.00 fu ricevuto l'ordine che dalle 00.00 del giorno successivo gli spagnoli avrebbero dovuto evacuare le loro posizioni e ritirarsi a Lyuban, dove gli spagnoli sarebbero stati responsabili della difesa delle installazioni ferroviarie ancora in mano tedesca. La ritirata spagnola dall'area di Kostovo doveva essere completata entro le 5 del mattino del 20. Era stato dato l'ordine di mantenere segreta la ritirata e di lasciare inutilizzato tutto ciò che non potevano portare con sé. Sia la I che la II Bandiera si ritirarono in direzione di Lyuban, anche se con una breve sosta, mentre la III Bandiera si diresse direttamente verso Lyuban. La ritirata non iniziò all'ora concordata, ma fu ritardata di diverse ore, con la II Bandiera che fu la prima unità a ritirarsi seguita dalla I Bandiera. Anche se l'intero viaggio richiese alle truppe spagnole 3-4 ore, le condizioni meteorologiche dovute al ghiaccio e alla neve, le cattive condizioni delle strade utilizzate e la ristrettezza del percorso (a causa dell'impossibilità di passare attraverso le strade strette, tre pezzi di artiglieria furono fatti saltare in aria e distrutti, rendendo la ritirata un compito molto difficile).

Il 21 una buona parte della LEV aveva raggiunto Lyuban, ma solo alle 6.00 del 22 la maggior parte dell'unità spagnola poté considerarsi completamente raggruppata. Tutti i soldati arrivarono esausti a causa del grande sforzo compiuto in questa inaspettata e rapida ritirata. Non appena arrivarono i pezzi d'artiglieria della III Banda, furono posizionati alla periferia del villaggio. In particolare, il II plotone con i cannoni da 75 mm fu schierato a nord del villaggio, mentre il III plotone con i pezzi pesanti da 150 mm fu schierato a nord-est del villaggio. Il IV plotone fu schierato nelle vicinanze del III plotone con l'intenzione di sostenere uno dei due, mentre il I plotone con i cannoni da 75 mm fu lasciato in riserva.

Era il 23 gennaio quando le ultime truppe spagnole in ritirata raggiunsero Lyuban, dove la situazione era caotica con molti veicoli abbandonati, incendi e distruzioni. Ma i sovietici non tardarono a comparire e così, insieme alle truppe tedesche, iniziarono una disperata e sanguinosa difesa della città contro i continui attacchi delle truppe russe. Durante questa giornata, l'unità che subì il maggior numero di perdite fu il 2° Fianco, che sopportò il peso maggiore dei combattimenti, seguito dal 3° Fianco. D'altra parte, al 1° Fianco è stata lasciata la missione di difendere il centro del perimetro del villaggio senza prendere parte attiva ai combattimenti di questa giornata. Tuttavia, l'arrivo massiccio di soldati sovietici che filtravano attraverso le difese tedesche fece sì che i combattimenti non si svolgessero alla periferia della città ma anche all'interno a partire dal 23 gennaio. Al 2° Fianco fu ordinato di marciare verso la palude di Gladkiy, vicino a Lyuban, per dare il cambio a un'unità tedesca e stabilire un collegamento sul fianco con altri battaglioni tedeschi. Alle 11:30 circa, la 5ª, 6ª e 7ª Compagnia entrarono in prima linea e stabilirono la loro linea difensiva (l'8a Compagnia rimase in riserva insieme al Quartier Generale del 2° Fianco a Il'inskiy Pogost). Il 24 le truppe del 2° Fianco non erano ancora riuscite a stabilire definitivamente le loro posizioni nelle vicinanze del bacino di Gladkiy e non incontrarono i loro compagni tedeschi, ma incontrarono le truppe sovietiche accampate su un vicino crinale che iniziarono ad attaccarle. I combattimenti furono immediati e sanguinosi e almeno 19 spagnoli rimasero feriti. L'incontro con le truppe sovietiche al comando della 121ª Divisione fu immediatamente segnalato, che preparò un'azione offensiva contro i sovietici in cui la II Bandera avrebbe dovuto coprire con le sue compagnie la sponda occidentale della palude e stabilire un fronte un po' più a nord (le truppe spagnole avrebbero fatto da muro di contenimento per i sovietici, mentre le truppe tedesche avrebbero attaccato in direzione di Ramtsy-Grustiuja). Il colonnello García Navarro decise di inviare la Compagnia di esplorazione come supporto di rinforzo. Ma nel frattempo i sovietici si stavano avvicinando sempre più a Lyuban, tagliando le strade di accesso a Lyuban. I sovietici avanzavano con velocità con l'intenzione di catturare la stazione ferroviaria, ora difesa dagli spagnoli. All'assedio sovietico con continui attacchi, gli spagnoli risposero con batterie di artiglieria spagnole e con piccoli contrattacchi per tenere aperta la stazione.

Durante il 25, gli uomini del 2° Fianco insieme a quelli della Compagnia di esplorazione parteciparono a numerosi combattimenti contro le truppe russe nelle vicinanze del bacino di Gladkiy. Il 25 il colonnello García Navarro decise di sostituire gli uomini del 2° Fianco con truppe del 1° Fianco.

Durante il 26 gennaio numerose pattuglie nemiche si infiltrarono attraverso il perimetro difensivo che tedeschi e spagnoli avevano alla stazione di Lyuban. Una di esse riuscì a raggiungere la stazione ferroviaria, ma fu accolta dalle truppe del 3° Fianco, che la respinsero. Sebbene i sovietici abbiano subito pesanti perdite, anche gli spagnoli hanno subito perdite e la cattura di alcuni uomini. Intorno alle 8:00 le truppe della 2ª Compagnia arrivarono dal bacino di Gladkiy e, una volta posizionate nella cintura difensiva della città, presero parte ai combattimenti. L'8ª Compagnia si è particolarmente distinta in numerosi combattimenti, infliggendo più di 60 perdite alle truppe sovietiche e catturando documenti nemici. Alle 10:00 la compagnia d'armi ricevette l'ordine di ritirarsi verso la strada della Luga, mentre anche la 2ª compagnia ricevette l'ordine di ritirarsi. Ma solo un'ora dopo, a causa dell'attacco permanente sovietico al villaggio, al 2° Fianco fu ordinato di riposizionarsi di nuovo in prima linea per sostenere la ritirata del 1° Fianco che era schierato nella foresta vicino al villaggio. Nel frattempo, anche alla 1ª Compagnia sul fronte della palude di Gladkiy fu ordinato di ripiegare su Lyuban.

Era necessario tenere aperta la stazione ferroviaria per consentire una rapida evacuazione delle truppe tedesche in ritirata (migliaia di uomini). A causa della strenua difesa degli uomini della Legione Blu, l'unità spagnola subì pesanti perdite. Il ritiro della LEV dal fronte fu motivato da un ordine tedesco che prevedeva che la Legione Blu lasciasse la 121ª Divisione di Fanteria per essere messa a disposizione della 18ª Armata, per la quale doveva essere trasferita a Luga. La prima unità a iniziare la ritirata fu il 1° Fianco, mentre il 2° Fianco rimase in prima linea fino alla notte del 26. I tedeschi avevano anche deciso di abbandonare la Legione Blu. I tedeschi avevano anche deciso di abbandonare la difesa di Lyuban.

Lo stesso giorno, il colonnello García Navarro ricevette la Croce di Ferro di prima classe dal generale della 121ª Divisione di Fanteria, in omaggio alla LEV, che in queste battaglie per Lyuban, di fronte all'immensa superiorità nemica, riuscì a evitare l'accerchiamento di gran parte della XVIII Armata tedesca. Inoltre, il generale Georg Lindemann, comandante della stessa armata, si è congratulato con i soldati spagnoli per aver temporaneamente trattenuto i russi in un settore chiave.

Il 27 le truppe spagnole furono sollevate da unità del 407° Reggimento in prima linea e iniziarono a ritirarsi. Sebbene inizialmente dovessero essere imbarcate su rotaia, il colonnello García Navarro fu informato che la linea ferroviaria era stata tagliata dai partigiani, così ordinò che la marcia dovesse essere fatta a piedi per cercare di raggiungere Luga. L'unico modo per raggiungere Luga era una strada secondaria molto stretta (così stretta che era possibile viaggiare solo in una direzione) e circondata da paludi.

Alle 14:00 del 27, la LEV partì da sola con tutto il suo equipaggiamento, preceduta dalle truppe tedesche. Da lì le esauste truppe spagnole dovettero affrontare 132 km di disagi, poiché i tedeschi non erano in grado di fornire camion per il loro trasporto.

Il 27 si concluse e gli spagnoli raggiunsero Apraksin Bor il 27 gennaio, continuando la loro avanzata il giorno successivo senza soste, praticamente riparandosi nel terreno boscoso dalle molestie delle truppe partigiane. In alcuni punti ricevettero informazioni da civili sovietici che li avvertivano dei luoghi dove non dovevano passare o addirittura della presenza di truppe partigiane nelle vicinanze, questo comportamento non era altro che un segno della loro gratitudine e amicizia verso le truppe spagnole (in ricordo della Divisione Volontaria Spagnola). Il 29 la ritirata continuò, con la piacevole sorpresa che il 1° Fianco poté godere per un breve periodo del trasferimento dei suoi materiali su autocarri tedeschi. L'accanimento delle truppe nemiche sugli uomini della III Bandera a Zaplot'e fu stroncato dall'arrivo della II Bandera in appoggio.

Dopo aver superato numerose difficoltà, il 30 i legionari continuarono la loro ritirata, subendo numerosi attacchi da parte di truppe partigiane che non impedirono loro di continuare il percorso verso Luga. Il 31 cominciarono ad arrivare a Luga i primi uomini della 1ª e 2ª Bandiera, della Compagnia genieri e della Compagnia esploratori. Gradualmente, cominciarono ad arrivare le altre unità e la 3ª Brigata.

L'intera ritirata da Lyuban aveva richiesto un grande sforzo da parte degli spagnoli, che dopo le sanguinose battaglie in difesa della città, dovettero percorrere 132 chilometri in 6 giorni, per lo più a piedi in condizioni meteorologiche avverse e sotto il continuo attacco dei guerriglieri sovietici che combattevano nelle retrovie dell'esercito tedesco, fino a raggiungere Luga. Gli uomini arrivarono completamente distrutti, con l'equipaggiamento da combattimento e gli indumenti completamente consumati dopo tanti giorni di marcia e di combattimenti.

Il 1° febbraio, già a Luga, lo stato dell'unità spagnola era così deplorevole che persino i tedeschi chiesero di non utilizzare le difese della città e di permettere loro di proseguire il viaggio verso l'Estonia per potersi riorganizzare. Nonostante questo ordine e la stanchezza generale, il morale dell'unità spagnola rimase alto. L'Alto Comando tedesco non ritenne opportuno rischiare di usare la LEV contro il rullo sovietico per il rischio di annientamento dell'unità spagnola e per le connotazioni negative che avrebbe creato tra Spagna e Germania. Solo un paio di giorni prima, il colonnello Garcia Navarro aveva ricevuto l'ordine di consegnare tutto il materiale LEV, soprattutto armi pesanti, veicoli e bestiame.

Dopo essersi sistemati a circa 6 chilometri da Luga (a Luga-Jui) e aver consegnato il resto delle armi e dell'equipaggiamento che portavano con sé, il 4 febbraio i soldati della LEV continuarono il loro viaggio verso le retrovie tedesche, trasportati (ora) in treno attraverso l'Estonia. La 1ª e la 3ª Bandiera partirono dalla stazione ferroviaria di Luga-Est, mentre la 2ª Bandiera e la Compagnia Scout dalla stazione di Luga-Centrale. Hanno attraversato città come Pleskau (giorno 7), Valga (giorno 8), Tartu e Taps (dove sono arrivati il giorno 9) dopo aver percorso 475 chilometri. Arrivati a Taps (nodo ferroviario di grande importanza nelle comunicazioni tra Lenigrad e Tallinn), e marciando a piedi, la I Bandiera si recò a Jäneda (dove era acquartierata) e la II Bandiera fece lo stesso, ma a Pruuna. Il resto della LEV, che non poteva imbarcarsi in treno per mancanza di spazio, dovette partire da Luga in una colonna mobile composta da 3 autocarri e 9 vagoni, che finalmente arrivò a Taps il 10 dopo essere stata rallentata da un attacco sovietico a Pleskau.

Una volta che il colonnello García Navarro ebbe tutti i suoi uomini, il 10 la LEV fu nuovamente schierata come segue: I Bandera (Jäneda), II Bandera (Lehtse-Pruuna), III Bandera (Taps), Intendencia (Aegviidu) e Plana Mayor (Jäneda). A causa del suo stato non ancora pronto al combattimento, la LEV fu inclusa nella Riserva del Fronte. I soldati spagnoli furono nuovamente sottoposti a un periodo di addestramento, mentre la LEV fu riorganizzata e adeguatamente armata, con l'idea di poter utilizzare nuovamente l'unità spagnola in futuro (infatti, il 2 marzo fu ricevuto l'ordine di preparare la LEV per la difesa della costa di Narva), ma come vedremo in seguito, il 16 marzo la LEV fu smobilitata.

Rimpatrio

Evidentemente, le pressioni alleate costrinsero la Spagna a interrompere definitivamente gli aiuti alla Germania. Il 20 febbraio 1944, il Führer e Francisco Franco si accordano sul rimpatrio della Legione Blu (anche se Hitler aveva già deciso unilateralmente di rimpatriarla ancora prima). L'ordine di rimpatrio arriverà al posto di comando legionario il 3 marzo. Per gli uomini della LEV, la consapevolezza di essere rispediti a casa, abbandonando la lotta in un momento così critico per i loro compagni tedeschi, non fece che abbassare il morale dell'intera unità. Nonostante ciò, e a causa della gratitudine tedesca nei confronti dei volontari spagnoli, si susseguirono atti e cerimonie di commiato, a cui parteciparono numerosi membri di alto rango dell'esercito tedesco.

Il 6 dello stesso mese, alle 11.34, nella città di Lechts, il colonnello García Navarro tenne la sua ultima arringa ai legionari:

"La notizia è triste e impressionante: la Spagna, in accordo con il governo tedesco, sta affrontando il doloroso, se non tragico, processo di accettazione del nostro rimpatrio".

"Tornate indietro orgogliosi di aver fatto il vostro dovere...! Orgogliosi perché la Spagna ce lo ha richiesto e perché è stato compiuto senza esitazioni".

"...Ora un ordine. Il più severo che abbia mai dato alla Legione: nessuno deve mostrare gioia! So che non ne avete, perché vedo lacrime in molti e commozione in tutti. Non possiamo sentirci gioiosi, per quanto grande sia il desiderio di tornare in Spagna, di ricongiungerci con i nostri affetti naturali, o perché le disgrazie familiari subite o alcuni interessi abbandonati, richiedevano la nostra presenza. Nessuno si rallegrerà: La Spagna è in lutto e la Legione è in nero. Nero nella serietà, nel sentimento, nell'amarezza del ritorno".

"...Indosserete, oggi, un giorno di lutto, i vostri fucili rovesciati, come ai funerali o come a Pasqua, perché, lo ripeto ancora una volta, è un giorno di lutto per tutto il nostro Paese".

Il 14 la LEV ricevette l'addio ufficiale della XVIII Armata nella città di Pruna; Lindemann fece un'ultima arringa agli spagnoli e decorò diversi ufficiali e soldati.

Il 16, i legionari consegnarono le armi che portavano con sé, ad eccezione di pistole e rivoltelle che sarebbero state utilizzate per la difesa in caso di necessità. Nella stessa data, il primo contingente di spagnoli partì in treno per Könisberg (oggi Kaliningrad, parte della Federazione Russa), dove arrivò tre giorni dopo. Lì sarebbero stati concentrati nelle installazioni militari (truppenübungsplatz) di Stablack Süd, vicino a Königsberg, nella Prussia orientale.

Il 21 marzo furono consegnate le ultime armi e parte del vestiario in eccedenza, scambiando le uniformi tedesche con quelle spagnole. A questo punto la Legione poteva considerarsi sciolta il giorno successivo, anche se ci sarebbero volute ancora circa due settimane perché le uniformi tedesche fossero consegnate a Wilmehoff per ricevere quelle spagnole. Il ritiro stabilito della Legione Blu avvenne in pratica tra marzo (il primo treno di soldati arrivò alla frontiera spagnola il 28 marzo e i primi rimpatriati arrivarono a Irun il 31 marzo) e aprile 1944 (gli ultimi uomini, compreso il loro colonnello e lo Stato Maggiore della Legione, arrivarono l'11 o il 17 aprile 1944, a seconda delle fonti); il viaggio da Königsberg a Irun durò circa quattro giorni. Il rimpatrio iniziò con la Terza Bandiera Mista (l'Unità Trasmissioni iniziò la marcia), seguita dalla Prima e dalla Seconda Bandiera, per finire con lo Stato Maggiore. Rimanevano da rimpatriare solo piccoli gruppi, incaricati di completare tutta la documentazione, liquidare il materiale in eccedenza e rimpatriare gli spagnoli internati negli ospedali di Königsberg e Riga.

Una volta che l'intera Legione Blu si trovò in territorio spagnolo, passarono solo pochi giorni prima che, il 30 aprile, il governo di Madrid annunciasse ufficialmente l'estinzione della Legione Volontaria Spagnola.

▲ Soldati sciatori spagnoli ben attrezzati per la neve (NEG).

▼ Un soldato spagnolo durante una delle sue visite a Berlino durante i periodi di riposo (JAC).

▲ Cimitero della Divisione Blu a Grigorovo. Croci delle tombe dei soldati della divisione allineate ai piedi di un altare con una grande croce. Sullo sfondo, a sinistra, l'ospedale di Grigorovo (DP).

▼ L'unità spagnola giura fedeltà al Führer nella sua lotta contro il comunismo (JAC)

▲ Emilio Esteban Infantes con il suo Stato Maggiore e le truppe della Wehrmacht (JAC).
▼ Soldati spagnoli durante l'addestramento (NEG).

▲ Soldato spagnolo con un gagliardetto della SEU (Unione Universitaria Spagnola), da cui provenivano molti volontari per la guerra contro l'Unione Sovietica (JAC).

▲ La cucina della DA era di vitale importanza per l'unità (NEG).

▼ Membri della DA a Norimberga durante una visita (NEG).

▲ Soldati spagnoli attraversano il Volkhov con un gommone (NEG).

▼ Alcuni membri della Squadriglia Blu nelle loro uniformi della Luftwaffe (NEG).

▲ Lo squillo della tromba segnava l'ora del giorno per gli uomini della DA (NEG).

▲ I soldati spagnoli non mostravano generalmente una stretta aderenza all'uniforme, anche se nelle fotografie ufficiali l'uniforme veniva rispettata (JAC).

▲ Discorso del generale Esteban Infantes in un altro momento dell'atto di formazione della LEV e della marcia degli ultimi divisionari (LET).

▼ In questa fotografia, presieduta dal colonnello García Navarro, si può notare l'eterogenea uniformità di calzature, pantaloni, cinture, guerre e berretti che si poteva riscontrare nelle Forze Armate tedesche negli ultimi anni del conflitto (LET).

▲ Il colonnello García Navarro durante una cerimonia di saluto a uno dei suoi uomini decorati (LET).

▲ Il soldato spagnolo, avendo visto il suo comportamento in combattimento (non a caso molti membri del DEV e della LEV erano veterani della guerra civile spagnola), era sempre un compagno gradito per il soldato tedesco (LET).

▼ Il colonnello García Navarro, capo della LEV, con il generale Amado Loriga alla sua sinistra. Quest'ultimo ebbe un ruolo importante nel reclutamento dei membri della LEV (LET).

▲ Tre legionari che si dividono le sigarette (LET).

▼ Famosa foto di soldati spagnoli in posa con 3 commilitoni della Legione Fiamminga su un pezzo d'artiglieria (LET).

▲ Formazione LEV con la bandiera nazionale che sventola in aria a Stablack-Süd (LET).
▼ Quattro membri della LEV posano in uniforme spagnola con le insegne tedesche nella caserma di Stablack-Süd (LET).

▲ Immagine a Pruna dello Stato Maggiore della LEV.

▼ Il colonnello García Navarro con uno sguardo di circostanza per l'imminente addio alla LEV (LET).

▲ Il colonnello García Navarro a colloquio con un ufficiale dello Stato Maggiore a Pruna. (LET)

▲ Visita di una delegazione tedesca alla sede della LEV accompagnata dal responsabile della stessa (LET).

▼ Rassegna delle tre bandiere della LEV nelle loro uniformi spagnole, da parte del capo del Corpo d'Armata di Königsberg, generale Wodrig. Dopo l'addio ufficiale della LEV alle Forze Armate tedesche, inizierà la storia di alcune centinaia di spagnoli che, anche a rischio di perdere la loro nazionalità, continueranno la guerra con la Germania (LET).

▲ Un altro momento della cerimonia di addio del LEV a Königsberg (LET).

▼ Nonostante la sua breve esistenza, la LEV è stata in grado di mantenere l'eredità di coraggio, orgoglio e dedizione della DEV nella lotta contro i sovietici (LET).

▲ Il colonnello García Navarro nel suo commosso addio alla LEV (LET).

▲ Un altro momento della visita di García Navarro e del generale Lindemann (LET).

▲ Con questo atto, la LEV cessa di appartenere alle unità della Wehrmacht (LET).

▼ Arrivo del generale Lindemann e del colonnello García Navarro al quartier generale della 121ª Divisione di fanteria tedesca (LET).

▲ Ripresa del colonnello García Navarro che comunica ai suoi uomini il rimpatrio della LEV. "...La notizia è triste e impressionante: la Spagna, in accordo con il governo tedesco, sta affrontando il doloroso, se non tragico, processo di approvazione del nostro rimpatrio" (LET).

▲ ▼ Incorporazione della LA nella 121ª Divisione. Il generale Rpiess, comandante della 121ª Divisione, fa un resoconto della LA.

▲ Enrique Fernández Adán, uno dei soldati spagnoli della Legione Blu (NEG).

GLI ULTIMI DEGLI ULTIMI

Per varie ragioni, alcuni spagnoli decisero di non tornare in Spagna nonostante il rischio di perdere la cittadinanza spagnola se avessero collaborato con le forze armate tedesche. Questi uomini, molti dei quali ex-divisionari ed ex-legionari, insieme ad altri uomini che attraversarono il confine spagnolo per unirsi alle forze armate tedesche di propria iniziativa e a molti civili spagnoli che lavoravano all'interno del Reich e che, avendo perso il lavoro a causa degli incessanti bombardamenti alleati sulle fabbriche e sull'industria tedesca in generale, decisero di combattere come parte delle truppe tedesche.

Dopo il ritiro e lo scioglimento della Legione Blu (marzo 1944), l'intervento spagnolo con l'Asse era illegale, il che non impedì ad alcuni volontari di rifiutarsi di tornare in Spagna e ad altri spagnoli di attraversare il confine con la Francia.

Per molti degli uomini che ricevettero l'ordine di ritirarsi, l'idea di dover abbandonare i propri compagni ora che la situazione tedesca sul fronte orientale cominciava a deteriorarsi e i combattimenti non erano ancora finiti non aveva alcun senso. Fu questa situazione che portò molti di loro a pensare di rimanere per continuare la lotta contro il bolscevismo, ma ancora una volta la forte pressione degli Alleati fece sì che il governo spagnolo si impegnasse a considerare disertori tutti i soldati spagnoli che non fossero tornati con il contingente di spedizione. Ogni volta che si esaminano testi in questo senso, si è portati a pensare che in questo periodo fosse ancora in vigore il Decreto Reale promulgato il 24 luglio 1889, che condannava alla perdita della cittadinanza spagnola qualsiasi cittadino che avesse prestato servizio in un esercito straniero in guerra, a meno che il cittadino in questione non avesse un permesso speciale del Capo dello Stato. In particolare, l'articolo 25 del titolo primo del libro primo del Codice civile spagnolo recitava come segue (pubblicato con regio decreto del 24 luglio 1889):

1. Gli spagnoli che non sono spagnoli di origine perderanno la loro nazionalità:

   a) Quando, per un periodo di tre anni, utilizzano esclusivamente la cittadinanza a cui hanno dichiarato di aver rinunciato al momento dell'acquisto della cittadinanza spagnola.

   b) Quando entrano volontariamente nel servizio armato o ricoprono cariche politiche in uno Stato straniero contro l'espresso divieto del Governo.

2. La sentenza definitiva che dichiara che l'interessato ha commesso falsità, occultamento o frode nell'acquisto della cittadinanza spagnola annulla tale acquisto, anche se non produce effetti pregiudizievoli per i terzi in buona fede. L'azione di nullità deve essere promossa dal Pubblico Ministero d'ufficio o a seguito di denuncia, entro un termine di quindici anni.

Come abbiamo potuto osservare, questo articolo 25 è abbastanza coerente con l'idea generalizzata che il governo spagnolo trasformò in apolidi un buon numero di spagnoli che decisero di continuare la lotta; ma l'inconveniente di credere con certezza a questo fatto si basa sul titolo dell'articolo, che afferma chiaramente che "gli spagnoli che non sono di origine spagnola perderanno la loro nazionalità". Si capisce quindi che l'articolo non è rivolto agli spagnoli di origine, ovvero alla stragrande maggioranza degli spagnoli.

In ogni caso, il governo spagnolo, pur non ammettendo che tutti coloro che avessero prestato servizio militare ai governi belligeranti avrebbero perso la loro nazionalità spagnola, riteneva che stesse diventando sempre meno produttivo sostenere le potenze dell'Asse e che sarebbe stato politicamente corretto evitare il più possibile l'esistenza di unità militari spagnole nel conflitto. Questa situazione si rifletteva nella dichiarazione ufficiale del governo spagnolo del gennaio 1944, in cui esprimeva la sua opposizione alla permanenza di spagnoli nelle varie branche militari in Germania.

Questa dichiarazione ufficiale aveva lo scopo di porre fine all'attraversamento clandestino del confine tra Spagna e Francia da parte di spagnoli che erano stati incoraggiati dai servizi segreti tedeschi in Spagna e dai leader falangisti ad unirsi alle forze armate tedesche.

Tuttavia, secondo Clyde Clark (tratto dal sito web del GUTEMBERG), egli commenta che la legislazione spagnola esistente tra il 21 dicembre 1943 e il 1° gennaio 1945 garantiva l'amnistia a coloro che erano stati reclutati da altri Paesi o ai disertori rimasti all'estero (Clark, Evolution of the Franco Regime (n.p., 1951), 442,

555-56). Tuttavia, dobbiamo fare riferimento alle norme in vigore, pubblicate con il Regio Decreto del 24 luglio 1889, come già detto, e che forse furono utilizzate in modo scorretto per raggiungere lo scopo prefissato dal governo.

L'obiettivo del governo è quello di mettere i "volontari" spagnoli tra l'incudine e il martello; una decisione amara per tutti coloro che intendono mantenere il proprio posto di fronte all'inesorabile avanzata sovietica. Questo porta molti di loro ad abbandonare definitivamente l'idealismo e il "romanticismo" e a dover tornare alla realtà. La guerra sembrava sempre più persa per l'Asse e la Spagna non poteva mantenere la politica che l'aveva avvicinata circa tre anni prima. Ma queste vicissitudini non impediranno a un buon manipolo di questi soldati di perseverare nel loro idealismo e di rimanere con le truppe tedesche.

Spagnoli con le Waffen SS, la Wehrmacht e l'SD

Ma non furono solo alcuni soldati della Legione Blu a rimanere nella loro lotta contro il comunismo, poiché dalla Spagna, negli ambienti più filo-tedeschi, un numero abbastanza elevato di uomini (per lo più ex combattenti della Divisione Blu), date le circostanze, considerò di tornare in territorio tedesco per unirsi a loro a titolo personale.

Già prima del rimpatrio della Legione Blu, in alcuni ambienti vicini alla Falange, cominciò a prendere forma la formazione di una nuova unità di truppe spagnole al servizio dei tedeschi. Il reclutamento doveva essere il più segreto possibile, per evitare l'intenzione di Francisco Franco di fermare tutte le attività di questo tipo, e avveniva principalmente nella stessa Spagna, in occasione di riunioni della Falange e in gruppi di veterani della Divisione Blu. Non appena la Legione partì per la Spagna, alcuni uomini furono "invitati" dagli ufficiali tedeschi a rimanere nel conflitto al loro fianco, arruolandosi in alcune unità della Wehrmacht.

Altri "volontari" provengono da lavoratori disoccupati o spagnoli del Reich che ritengono che unirsi all'esercito sia economicamente o socialmente vantaggioso per loro. Vennero reclutati anche alcuni esuli spagnoli (ex repubblicani) che, dopo aver prestato servizio nei battaglioni di lavoro, in alcuni casi furono costretti a indossare l'uniforme tedesca. Sebbene questi ultimi fossero pochi, preferirono servire con altri spagnoli piuttosto che nelle condizioni in cui si trovavano.

Ma le autorità spagnole non avevano intenzione di rendere le cose facili, poiché era stato dato l'ordine di "blindare" i valichi di frontiera nei Pirenei, a diretto contatto con la Francia occupata. La Guardia Civil ricevette l'ordine tassativo di impedire il passaggio di questi uomini, con l'istruzione di sparare su di loro se necessario. E sebbene questi ordini siano stati eseguiti alla lettera, è vero che in alcuni casi i membri della Guardia Civil non hanno potuto fare a meno di provare un grande rispetto e orgoglio nei confronti di quegli uomini che rischiavano la vita, la famiglia e persino la propria nazionalità per attraversare un confine che li avrebbe ricondotti allo spettacolo caotico dell'ultimo anno di guerra che la Germania aveva ancora a disposizione prima di essere definitivamente sconfitta. Sono uomini che non tornano indietro sul giuramento fatto per combattere il bolscevismo, né sul giuramento fatto in molti casi con i loro compagni d'arme tedeschi: "Giuro su Dio che nella lotta contro il bolscevismo obbedirò incondizionatamente al Capitano Generale delle Forze Armate, Adolf Hitler, e che come soldato fedele sono pronto, in qualsiasi momento egli lo desideri, a dare la mia vita per questo giuramento".

Anche se molti di loro furono uccisi o fucilati dalle guardie di frontiera quando cercarono di attraversare il confine, altri riuscirono a raggiungere la Francia. I tedeschi, che erano a conoscenza degli eventi in Spagna, accolsero questi spagnoli a braccia aperte. Per meglio organizzarli, i tedeschi crearono stazioni di reclutamento dove sarebbero stati documentati e integrati nelle forze armate tedesche.

L'esistenza di spagnoli nelle Waffen SS non era affatto sconosciuta, come dimostrano le due lettere inviate dall'Ambasciata spagnola a Berlino al Ministero degli Affari Esteri spagnolo sull'argomento:

L'11 maggio 1944 il Console spagnolo a Berlino inviò la seguente lettera al Ministro degli Esteri spagnolo: "È stato riferito che molti ex combattenti della Divisione Blu stanno attraversando clandestinamente la frontiera dei Pirenei, fiduciosi di essere ben accolti dalle autorità tedesche… Molti di questi ex combattenti si sono affrettati ad arruolarsi nella Legione Fiamminga delle SS per tornare a combattere sul fronte russo". (fascicolo A.M.A.E. R-1079).

In una lettera del 6 luglio 1944, l'ambasciatore spagnolo a Berlino informava il ministro degli Esteri spagnolo della presenza clandestina di spagnoli nelle forze armate tedesche: "…Molti di questi spagnoli portano sulle loro uniformi emblemi nazionali (intende emblemi spagnoli) oltre alle insegne delle SS…" (A.M.A.E., fascicolo R. 1079).

Le unità di volontari spagnoli sia dell'Heer che delle Waffen SS si formarono per tutto il 1944 e la prima metà del 1945 grazie all'arruolamento di uomini di varia provenienza. I braccianti spagnoli che lavoravano in Germania nell'estate del 1944 si arruolarono qui, principalmente in due gruppi ben definiti. Alcuni provenivano dai 50.000 che andarono a lavorare nel Reich dopo la firma dell'accordo economico tra il governo spagnolo e quello tedesco nell'agosto del 1941; altri erano spagnoli emigrati in Francia, tra cui spagnoli sia del periodo precedente la guerra civile sia del periodo successivo (repubblicani fuggiti in Francia e reclutati dalle autorità tedesche, soprattutto per l'Organizzazione Todt, dopo l'invasione tedesca del Paese vicino). Sebbene ci fossero ovviamente opinioni per tutti i gusti, è ovvio che molti dei lavoratori che si unirono alle unità di volontari lo fecero più che per ideologia per la possibilità che queste unità davano loro di uscire dalle sempre più pericolose fabbriche del Reich, bersaglio giorno dopo giorno dei bombardamenti delle forze alleate, nonché per le possibilità che potevano presentarsi di disertare al momento più opportuno se cercavano di tornare in Spagna.

L'altro grande gruppo che ha contribuito con uomini a queste unità di volontari è costituito dai già citati veterani della DEV e della LEV che hanno scelto di rimanere in Germania una volta congedati.

Le unità di reclutamento (appartenenti al Sonderstab "F") erano sotto la direzione del Dr. Edwin Maxel, che era stato membro dello staff senior dell'unità di collegamento tedesca nella Divisione Blu e capo di questa stessa unità nella Legione Blu. Tornò in Spagna con la Legione, agendo dall'Ambasciata tedesca come coordinatore del reclutamento, in contatto diretto con il Brigadiere Hansen ("Il Battaglione Fantasma" - Carlos Caballero). Le origini del Sonderstab F risalgono al 1941, quando fu creato sotto il comando del signor Helmuth Felmy (l'iniziale del cui cognome ha dato il nome all'unità); anche se il rapporto del Sonderstab F con gli spagnoli risale all'inizio del 1944. Il Sonderstab F, che operò dal gennaio 1944 all'agosto 1944 nel sud della Francia, aveva "uffici" nelle regioni di confine vicino ad Andorra, Port Bou, Hendaye, Puigcerdá e con la sede principale nella città di Lourdes. Una volta registrate presso la sede del Sonderstab F, le nuove reclute venivano inviate in un campo di accoglienza situato nel Quartier de la Reine di Versailles ("Caserma della Regina"). Lì furono accolti da Luis García Valdajos, un veterano della Divisione e della Legione Blu. Si trovava a Versailles, di stanza al centro di addestramento di Stablack Süd (in Prussia orientale), con la missione di coordinare e scortare i contingenti spagnoli a Stablack. Dopo essere stati sottoposti alle opportune visite mediche, quasi tutti gli ammessi furono trasferiti a Stablack, mentre alcuni furono reclutati dall'SD per una nuova unità creata nel febbraio 1944, l'Einsatzgruppe Pyrenären del Sonderstab F, destinato all'attività antipartigiana attraverso l'infiltrazione nella Resistenza. Questa missione fu favorita dall'abbondante presenza di antifascisti spagnoli nel maquis della regione. Tra gli spagnoli reclutati dall'SD c'erano anche esuli repubblicani.

Almeno a partire dal giugno 1944, un certo numero di spagnoli fu rapidamente messo in azione per servire nel Sicherheitsdienst (SD). Alcuni di questi soldati erano repubblicani spagnoli esiliati in Francia, che avrebbero finito per servire come spie. Le loro missioni si svolsero principalmente nella Francia sud-occidentale, sebbene siano citati anche in azioni contro la resistenza francese e contro gli Alleati in Normandia.

L'ambasciata spagnola a Berlino stimò che nell'estate del 1944 c'erano circa 1.500 spagnoli che lavoravano per i servizi di sicurezza tedeschi in territorio francese, sebbene questa cifra fosse probabilmente "gonfiata". Ciò suscitò le proteste ufficiali del governo spagnolo, ma la diplomazia tedesca dichiarò di non essere a conoscenza dei fatti, giustificandoli come casi isolati e confessando la propria incapacità di fare qualcosa al riguardo.

Il primo gruppo di spagnoli al comando di García Valdajos doveva arrivare a Stablack intorno al 15 aprile per l'accampamento. Una volta arrivati, gli uomini furono nuovamente sottoposti a un addestramento e a un ri-addestramento senza fine, nonostante il fatto che molti di loro fossero stati in precedenza combattenti. Addestrare nuovamente uomini che in molti casi avevano più esperienza della media dell'esercito tedesco sembrava assurdo. Ma era così che funzionava l'organizzazione tedesca, nel bene e nel male.

Il numero di spagnoli accolti a Versailles potrebbe aver raggiunto i 300 nel maggio 1944 e quasi 400 in giugno, dove, dopo la classificazione, furono inviati in Prussia orientale e inseriti nello Stablack Freiwilligen Einheit (Unità di Volontari dello Stablack) sotto il comando del Capitano di Artiglieria Wolfram Gräfe e dei Guardiamarina Loinant e Panther. C'erano anche diversi sottufficiali, alcuni ufficiali addetti all'informazione e alla propaganda e diverse ausiliarie (5 o 6). Tutti erano di origine tedesca e la maggior parte di loro aveva prestato servizio nello staff di collegamento della Divisione e della Legione.

Era previsto che l'organico completo dell'unità fosse composto da uno Stato Maggiore e da tre compagnie con tre sezioni di granatieri ciascuna (e ogni sezione con nove uomini); si riteneva inoltre necessario creare due compagnie di deposito (riserva e addestramento).

A Stablack Süd, García Valdajos fu riconosciuto come tenente dopo l'arrivo del primo contingente di uomini. Una volta sistemati gli spagnoli, García Valdajos assunse un ruolo di controllo amministrativo nell'addestramento delle nuove reclute fino a giugno (6), lasciando a Ezquerra i compiti puramente militari. Il 7 giugno si recò a Parigi per seguire un corso per ufficiali delle SS-SD nella lotta contro i Maquis, dopo il quale non sarebbe più tornato al centro di addestramento.

Un fatto importante da tenere presente è che nello Stablack Süd non sarebbero stati accettati volontari con un impiego, ovvero che non sarebbero stati riconosciuti gli impieghi e le decorazioni di coloro che avevano prestato servizio nella Legione o nella Divisione e che tutti avrebbero dovuto prestare servizio come soldati. Si decise anche che i soldati spagnoli avrebbero indossato l'uniforme della Wehrmacht e che la loro paga sarebbe stata uguale a quella dei soldati tedeschi.

Gli spagnoli ricevettero l'uniforme dell'Heer senza alcuna insegna specifica di nazionalità e prestarono giuramento di fedeltà a Hitler. In seguito, ricevettero un equipaggiamento completo con un'ampia varietà di armi e un'istruzione completa, comprese lezioni di tedesco.

Alla fine di aprile o all'inizio di maggio del 1944, a Stablack fu costituita la Spanisches-Freiwilligen-Einheit (Unità Volontaria Spagnola), con una forza iniziale di circa 250 uomini, composta, come previsto, da uno stato maggiore e da tre compagnie di granatieri, oltre alle due compagnie di deposito.

L'unità che gli spagnoli di stanza lì cominciarono a chiamare Battaglione Fantasma, a causa della sua "teorica" inesistenza, in quanto si trattò sempre di una voce tra gli spagnoli presenti in Germania e non fu mai resa pubblica a causa dell'opposizione del governo franchista a che gli spagnoli continuassero a combattere nella Wehrmacht.

Tutti gli uomini che erano stati "raccolti" dal Reich andarono a Stablack Süd, lasciando la caserma di Versailles praticamente vuota di truppe spagnole, che si stavano muovendo rapidamente verso la Prussia orientale. A questo proposito, un telegramma del Comando delle unità estere dell'OKW del 16 maggio 1944 riporta la presenza di un solo spagnolo nella caserma di Versailles, mentre un ufficiale e altri 10 uomini erano partiti per Königsberg cinque giorni prima. NARA T77/885/5634629.

All'inizio di giugno 1944, l'unità si trasferì da Stablack a Stockerau e Hollabrun, vicino a Vienna (la prima a circa 15 chilometri dalla capitale e la seconda a 25 chilometri), dove l'intera unità prese il nome di Freiwilligen Einheit Stockerau. Nei pressi di Vienna furono costituite le unità di riserva (Freiwilligen Ersatzbataillon a Hollabrun) e di addestramento (Freiwilligen Ausbildungbataillon a Stockerau) e la terza compagnia, ancora in fase di formazione con i volontari che continuavano ad arrivare (nonostante la loro "inesistenza" tra l'8 giugno e il 20 luglio erano circa centocinquanta). Le prime due compagnie, ormai completate, marciarono verso il villaggio di Solbad Hall im Tirol (il villaggio mantenne il suo nome dal 1938 al 1974 e ora si chiama Hall im Tirol), vicino a Innsbruck, per otto settimane di addestramento come truppe di montagna. L'intera unità si sarebbe chiamata Freiwilligen Einheit Solbad Hall. Questo addestramento fu diretto e supervisionato in ogni momento da ufficiali che avevano fatto da collegamento tra la Divisione Blu e lo Heer. I volontari spagnoli insistettero con i tedeschi affinché non fossero guidati da ufficiali spagnoli, forse per paura del regime franchista, dato che ufficialmente il dittatore spagnolo aveva promesso agli Alleati che nessuno spagnolo avrebbe continuato a combattere per l'Asse. Così, man mano che cresceva, l'unità aveva un mix di giovani ufficiali spagnoli e tedeschi, e anche gli ex ufficiali della Divisione Blu che si unirono all'unità lo fecero come semplici soldati, dovendo guadagnarsi la promozione per i propri meriti. Una volta a Stockerau, le truppe spagnole furono comandate dal noto capitano di artiglieria tedesco delle SS Wolfram Gräfe, che aveva precedentemente comandato l'unità a Stablack Süd.

Quindi quello che molti spagnoli volevano, cioè servire insieme in un'unità tutta spagnola, non si realizzò. In linea di principio non era il momento giusto per farlo, poiché una vera e propria unità spagnola avrebbe portato a un aumento della pressione alleata sulla Spagna, con il conseguente rischio di aprire un nuovo fronte dalla penisola iberica. Nonostante questo aspetto, c'era anche chi non desiderava far parte di un'unità guidata da spagnoli, come si evince da una nota del Comando delle unità estere dell'OKW del 10 maggio 1944, che riporta l'invio a Königsberg di 60 spagnoli reclutati in Francia che avevano espresso il desiderio di servire nelle Forze Armate tedesche sotto il comando tedesco, preferendolo a quello spagnolo (T77/885/5634630).

Nonostante si trattasse di un'unità di soli volontari, ben presto sorsero alcune lamentele, soprattutto per lo scontro culturale e disciplinare tra spagnoli e tedeschi. Di conseguenza, circa 50 uomini chiesero di essere trasferiti in uno Schutzkommando dell'organizzazione Todt nel sud della Francia.

Per quanto riguarda il numero totale di volontari spagnoli che hanno combattuto con le Waffen SS e le sue forze di sicurezza, è del tutto impossibile stabilire una cifra indiscutibile. Ma c'è un certo consenso sul fatto che, dopo il giugno 1944, la cifra doveva essere di circa 1.000 spagnoli (microfilm del Berlin Document Center, T354, A3343, U.S. National Archives).

Nel giugno 1944, quando le due compagnie spagnole arrivarono a Solbad Hall Tirol, furono ufficialmente denominate 101ª Spanische-Freiwilligen Kompanie e 102ª Spanische-Freiwilligen Kompanie, la prima al comando del tenente Panther e la seconda al comando del guardiamarina Leiffen.

La 101a Spanische-Freiwilligen Kompanie aveva quattro plotoni di fucilieri e un plotone di comando; non ci sono informazioni specifiche sulla 102a, che forse era simile, dato che una terza compagnia era in formazione. In generale, la designazione dell'intera unità era Freiwillige Einheit Solbad Hall.

In questa caserma, come già detto, gli spagnoli venivano istruiti principalmente su esercizi specifici per le truppe di montagna (che avrebbero determinato le zone in cui sarebbero stati inviati a combattere in futuro), oltre a imparare a maneggiare ogni tipo di arma. Il campo, vicino alla città, era situato su una collina alberata. Un vecchio edificio che in passato era servito da convento sarebbe stato la sede del comando delle compagnie che vi si sarebbero formate.

Durante questo periodo di addestramento, scoppiarono nuovamente gli ormai "classici" scontri tra spagnoli e tedeschi, che portarono all'omicidio di un soldato tedesco da parte di uno spagnolo di nome Echevarría. Evidentemente il fatto che ex comandanti spagnoli servissero come soldati semplici non aiutava il trattamento riservato loro dai tedeschi.

Il numero probabile di uomini "arruolati" a Solbad im Hall Tirol era di almeno 200 uomini per ciascuna delle due compagnie formate, e sempre più uomini arrivarono nelle caserme a scaglioni. Poiché alcuni degli uomini non avevano alcuna formazione, in alcuni casi furono trasferiti all'Organizzazione Todt.

Combattere con la Wehrmacht, le Waffen SS e l'SD

Dopo il completamento dell'addestramento nell'agosto 1944, i soldati si ritrovarono in unità tedesche diverse come la 357ª Divisione di Fanteria, la 3ª Divisione Gebirgs e le unità anti-partigiane del 3° Reggimento della Divisione Brandeburgo. Un altro contingente di spagnoli servì per l'SD e circa 50 uomini svolsero compiti antipartigiani nella zona dei Pirenei fino a quando furono trasferiti alla Jadgverbande di Otto Skorzeny.

Gebirgs-Division (appartenente al XVII Armee Korps del Gruppo d'armate Sud Ucraina della Wehrmacht), lasciarono Solbad im Hall Tirol in treno il 16 agosto 1944 per Vienna, da dove procederanno verso le vicinanze di Budapest. Prima di lasciare il territorio austriaco, a Vienna, subirono un'incursione aerea, alla quale dovettero rispondere con le mitragliatrici antiaeree montate sul convoglio ferroviario. Fu la sezione al comando del caporale Pérez Eizaguirre a dover affrontare a turno gli attaccanti e a rimanere ferita. Dopo il bombardamento, il treno ha continuato il suo percorso verso la capitale ungherese, Budapest. Da lì, il treno parte per Debrecen, sempre in Ungheria, ma non prima di aver dovuto attendere che un gruppo di genieri ripristinasse la linea ferroviaria, distrutta in parte dopo i raid aerei sul territorio ungherese. Da lì partono finalmente per la loro destinazione finale, la Bucovina (una regione nel nord della Romania e della Moldavia, a sud-ovest dell'Ucraina e a sud della regione della Galizia) a metà agosto 1944, al comando del guardiamarina Panther. Il treno si ferma alla stazione rumena di Vatra-Dornei, che appartiene al dipartimento di Campulong. Gli uomini del 101° scendono e si accampano per due giorni in tende alla periferia del villaggio. Il terzo giorno Panther ordina agli uomini di formarsi e, dopo una rassegna, di dirigersi verso le posizioni della 3ª Gebirgs-Division a circa 70 chilometri di distanza. Questa distanza sarà coperta a piedi dagli spagnoli e, quando arriveranno, il loro ordine principale sarà quello di collaborare con la 3. Gebirgs-Division nel mantenere aperti i passi di montagna attraverso i quali le truppe tedesche in ritirata verso ovest si stanno ritirando di fronte alla continua pressione sovietica. Gli spagnoli si mossero attraverso villaggi come Iacobeni, Valea Putnei e Pajorita, che li collocarono sul loro "nuovo" fronte operativo. Raggiunsero infine la loro destinazione 48 ore dopo la partenza da Vatra-Dornei, per unirsi al 1° Battaglione della 3ª Divisione Gebirgs a Cámpulong (oggi Cîmpulung Moldovenesc), sulle rive del fiume Moldova. In soli 11 giorni, i nostri uomini erano passati dal sicuro Tirolo alla prima linea di un fronte che minacciava di crollare e di essere travolto dall'inarrestabile "marea rossa" sovietica. Alla fine gli spagnoli furono assegnati alla 17ª Compagnia (trasporto munizioni) del

Gebirs.Jäger-Regiment 138 (17./Geb.Jg.Rgt.138). Quando il Gruppo d'Armate Ucraina Sud della Wehrmacht crollò di fronte alla potente offensiva sovietica, la 3ª Gebirgs-Division combatté per il controllo dei passi montani nei Carpazi orientali, subendo pesanti perdite (secondo i dati erano elevate, variando da 57 a 70 tra morti, prigionieri e dispersi). I compiti svolti dagli spagnoli erano volti a rallentare il più possibile l'avanzata sovietica, consentendo loro di proteggere la ritirata dell'esercito tedesco; far saltare ponti, sabotare ferrovie e strade, creare postazioni difensive in punti strategici, ecc. Gli spagnoli non agivano con l'intera compagnia, ma in piccoli gruppi che permettevano colpi più precisi e silenziosi. Il 27 agosto, la Romania cambiò schieramento dopo il colpo di Stato che depose il maresciallo Antonescu, lasciando le truppe dell'Asse nei Carpazi in una situazione ancora più complicata, dovendo forzare la loro dolorosa ritirata dalla loro posizione a circa 3 chilometri da Cambulong verso posizioni più arretrate a partire dal 31 agosto, a causa dell'imminente pericolo di essere intrappolati dietro le linee nemiche. Gli uomini della 101ª sono stati perseguitati sia dalle truppe regolari sovietiche che dai rumeni, fino ad allora loro alleati. Come già detto, molti spagnoli caddero in queste battaglie, poiché il terreno difficile e il gran numero di forze nemiche non giocarono a loro favore. Furono i membri della 101ª Compagnia a coprire la ritirata delle ultime forze tedesche attraverso il ponte di Cambulong sulla Moldavia, facendo saltare il ponte al passaggio delle ultime truppe; poi si diressero a sud-ovest alla ricerca della nota città di Vatra Dornei. Un gruppo motorizzato tedesco si avvicina al seguito di truppe tedesche in fuga verso un terreno più sicuro a ovest, lasciando tronchi e ostacoli sulle strade nel tentativo di rallentare la rapida avanzata sovietica. Gli spagnoli iniziano a tornare sui loro passi, lasciandosi alle spalle i villaggi che hanno attraversato sulla strada per le prime linee; infine, si fortificano su una collina chiamata Muntii Sureanuluni a circa 30 chilometri dalla città di Cambulong. I resti della martoriata Compagnia sono finalmente isolati in territorio nemico, sia per la velocità delle truppe tedesche in ritirata, sia per l'imponente avanzata sovietica verso l'Ungheria, a cui si aggiunge l'ulteriore sostegno fornito dall'attacco di gruppi armati rumeni appartenenti principalmente al Partito Comunista Rumeno, che non cesseranno di molestarli. La sensazione di abbandono è totale e lo scoraggiamento si diffonde tra i 18 spagnoli rimasti al comando di un guardiamarina tedesco di cui non conosciamo il nome. Come già detto, le scaramucce continuano giorno dopo giorno, anche se il paesaggio accidentato, con l'abbondanza di pini giganti e il terreno scosceso, gioca a favore degli spagnoli. Nonostante ciò, subiscono alcune perdite, come Ramón Pérez Eizaguirre, che viene catturato quando lascia la sua posizione in uno dei fortini difesi dagli spagnoli per andare a cercare cibo nelle vicine capanne dei pastori (rimarrà prigioniero fino al 1954, quando tornerà definitivamente in Spagna). Già altre volte aveva svolto lo stesso compito per procurarsi latte, mais e altre derrate alimentari, venendo ferito in un'occasione dai sovietici, ma "tanto andò alla fonte" che il 20 (o 15?) settembre, in un altro scontro con le sempre più abbondanti pattuglie sovietiche, fu catturato dai sovietici. Gli uomini della 101a riuscirono finalmente a lasciarsi alle spalle le pericolose montagne rumene e ad entrare nella non meno pericolosa campagna ungherese.

Il 13 ottobre, durante un'offensiva sovietica, almeno otto spagnoli furono catturati. Non restava che continuare la ritirata e la direzione seguita dallo sparuto gruppo di spagnoli sarebbe stata l'Austria, almeno relativamente sicura, lasciandosi alle spalle le terre non occupate dell'Ungheria, dove forse sarebbero riusciti ad "agganciarsi" a un treno merci che li avrebbe portati a destinazione, come riflette Vadillo nel suo libro "Los Irreducibles". Esausti e distrutti da quasi due mesi di combattimenti continui e da un notevole esaurimento fisico e morale, forse solo una decina di spagnoli sopravvissero per raggiungere i loro compatrioti a Stockerau e Hollabrunn alla fine di ottobre. Le truppe spagnole aggregate alla 3ª Divisione Gebirgs ricevettero diversi encomi, decorazioni e promozioni per il buon lavoro svolto nei Carpazi.

È possibile che un certo numero di uomini per un totale di una compagnia (la 102ª) sia stato assegnato a compiti antipartigiani in Jugoslavia intorno alla metà di agosto (forse il 16), stabilendo il proprio quartier generale a Celje (appartenente al comune di Zalec) nell'attuale Slovenia (in tedesco Sachsenfeld). Gli spagnoli comandati dal tenente Ortiz, anche se ci sono dubbi su quale fosse l'unità a cui erano aggregati, la versione più credibile sembra essere quella che li vede integrati nell'8ª Compagnia del 2° Battaglione del 3° Reggimento della Divisione Brandeburgo. Questa unità divenne una compagnia franco-spagnola ed era comandata da un capitano Stregner o Traege (secondo Gerard LeMarec in "Les français sous le casque allemand" nel primo caso o secondo Antonio Muñoz in "Forgotten Legions" nel secondo caso). Sembra che questa unità contasse fino a 250 uomini, tra i quali gli spagnoli erano in minoranza, dato che almeno 180 provenivano dalla Francia. Una parte di questi uomini rimase nel nord della Jugoslavia (con l'ordine di combattere i partigiani di

Tito, anche se con pochi incontri), e un altro gruppo estese i suoi compiti antipartigiani in territorio italiano, guidato dai tenenti Ortiz e Demetrio, al seguito della 7ª Compagnia, in maggioranza italiana, dove agirono in vari punti. Affrontarono i partigiani italiani in luoghi come Bevagna, Perugia, Arsoli, Carsoli, Avezzano e Terni. Successivamente si trovarono nella zona di Arezzo e Cità di Castello; si unirono poi ad altri "Brandeburghesi" a nord di Torino nel settembre 1944 (precisamente a Ivrea), da dove si ritirarono nel sud della Francia, anche se, come vedremo, alcuni spagnoli furono lasciati indietro e si unirono ai "Karstjäger". Fu in quel mese che, come vedremo in dettaglio più avanti, l'Abwehr fu "assorbita" e parte delle sue truppe furono trasferite allo Jadgverbänd Südwest.

Alla fine di ottobre, in seguito all'avanzata dell'esercito sovietico e delle forze jugoslave di Tito, le truppe spagnole nel nord della Jugoslavia si ritirarono prima a Hollabrunn e in dicembre a Stockerau.

Come per quelli schierati nell'Italia settentrionale, durante questa ritirata, alcuni spagnoli furono lasciati indietro, venendo assorbiti dalla 24 Waffen SS Gebirgs Division "Karstjäger" 59. Gebirgsjäger-Regiment della 24. Waffen-Gebirgs-(Karstjäger)-Division der SS dello sturmbannführer Werner Hahn. Kmp./II.Btl. (Spanish-Kmp.) appartenente al SS-Gebirs-Regiment 59, al comando del W-Ustuf. José Ortiz Fernández. Altri nomi dei membri di questa compagnia sono Trápaga (anche lui W-Ustuf o, secondo Sourd nel suo libro Croisés d'un idéal, con il grado di oberscharführer), Antonio Pardo o Federico Martínez. (informazioni tratte dal Forum di Storia dell'Asse AHF). Secondo la testimonianza di Ortiz, egli intraprese un corso di formazione a Solbad Hall im Tirol per qualificarsi come ufficiale delle Waffen-SS, dopodiché reclutò spagnoli nelle fabbriche e nei campi di prigionia intorno a Vienna. Con questi uomini aumentò il potenziale della sua 5ª Compagnia del 2° Battaglione, che comandò con il grado di unterstrurmführer. I comandanti di sezione sarebbero stati Trápaga e gli unterscharführer Meleiro, Ozores, Millán e Solís; tutti ex sergenti veterani della Divisione Volontaria Spagnola tranne Trápaga, che per motivi di salute (anche secondo Sourd) non poté unirsi ad essa.

I Karstjäger combatterono a partire dal novembre 1944 soprattutto nella regione Friuli-Venezia Giulia (in tedesco Julisch Venetien) nell'Italia nord-orientale e anche nella Slovenia occidentale, oltre che in Croazia con notevoli successi. La Compagnia spagnola sarebbe stata pienamente operativa con circa 100 uomini (secondo Sourd) tra novembre e dicembre, operando in compiti antipartigiani a Villach e Pontebba, e successivamente a Tolmezzo. Secondo Sourd, nel marzo 1945 furono attivi nella zona di Trieste nella battaglia per la città di Gorizia (sull'attuale confine italo-sloveno) contro i partigiani di Tito. Secondo la testimonianza di un veterano tedesco dei "Karstjäger", la compagnia spagnola fu molto aggressiva nei combattimenti che si svolsero soprattutto nel settore di Chiaporano, dove gli scontri finirono per essere corpo a corpo. Molti dei feriti furono portati negli ospedali da campo di Udine e Gorizia, anche se per quest'ultima la fine fu tragica: dopo la presa di Gorizia da parte dei partigiani, i feriti furono massacrati. Tra loro c'erano almeno 14 spagnoli del "Karstjäger".

L'8 aprile (anche se secondo Sourd ci sono altre fonti che collocano questi eventi a marzo), il plotone comandato dall'Oberscharführer Trapaga fu circondato a Ponte di Canale, subendo pesanti perdite. Gli avversari delle truppe spagnole potrebbero essere stati i partigiani sloveni.

Verso la fine della guerra, gli uomini della "Karstjäger" combatterono anche nelle regioni occupate dalle truppe britanniche e affrontarono persino i famigerati ratti del deserto come parte dell'8ª Armata.

Soprattutto nell'ultima fase della guerra, la Divisione aveva il compito di rintracciare i combattenti della resistenza italiana e i partigiani comunisti jugoslavi, e fu sempre più coinvolta nel commettere brutali eccessi nel suo lavoro e altre insensate atrocità. Particolarmente feroce fu il comportamento dei membri italiani della Divisione, così come quello degli sloveni e dei croati nelle operazioni nella loro patria più a est.

Il 28 aprile le truppe tedesche nella zona ricevettero l'ordine di ritirarsi verso l'Austria, lasciando alla piccola unità spagnola di Pontebba la missione di rallentare l'avanzata nemica e guadagnare tempo per consentire la ritirata tedesca.

Non ci sono prove certe che i soldati spagnoli abbiano partecipato all'azione di rappresaglia dei tedeschi contro la popolazione di Avasinis il 2 maggio, anche se non si può escludere.

All'inizio del maggio 1945, i volontari spagnoli poterono fuggire e cercare di raggiungere la Spagna; tuttavia, i combattimenti contro i partigiani jugoslavi di Tito all'interno di Trieste durarono fino al 5 maggio 1945, dopo che le truppe britanniche (8ª Armata) avevano già occupato tutto il territorio e la città il 2 maggio. Almeno 25 spagnoli appartenenti al 5. Kmp./II.Btl. (Spanish-Kmp.) si arresero alle truppe britanniche (6ª Divisione corazzata) nella Val Rosen. Gli uomini rimasti in Jugoslavia si ritirarono in ottobre in Austria. I combattimenti continuarono durante la ritirata verso la Drava, così come nella zona della Slovenia che rimase sotto il controllo tedesco fino all'ultimo giorno di guerra o in Carinzia (Kärnten in tedesco) in Austria fino al 10 maggio, dove si arresero alle truppe americane due giorni dopo la capitolazione del Reich (secondo Sourd, la data della capitolazione finale di questi uomini sarebbe stata il 9).

Gli uomini di questa 102ª Compagnia in Italia e in Jugoslavia si abbandonarono a saccheggi e stupri, oltre alle numerose atrocità commesse negli scontri con i partigiani soprattutto jugoslavi e, in misura minore, italiani. Di coloro che non fuggirono e rimasero indietro, i più fortunati si arresero alle truppe americane e furono internati nei campi di concentramento, ma molti di loro furono catturati e uccisi dai partigiani. Alcuni tentarono di fuggire attraverso il consolato spagnolo a Venezia, ma non ci riuscirono a causa delle forti pressioni esercitate contro di loro dalle nuove autorità italiane filocomuniste. Altri tentarono di passare per Milano, ma furono anch'essi scoperti dai partigiani comunisti, che stroncarono le loro speranze di tornare in patria. Alla fine, alcuni di loro, come il sergente José María Ozores, riuscirono a fuggire, dopo numerose difficoltà e pericoli nel nord Italia, e a tornare in Spagna.

L'afflusso di rifugiati spagnoli fu così consistente che nel novembre 1945 (mesi dopo la fine del conflitto in Europa) un paio di centinaia di spagnoli rimasero in Italia in attesa di essere rimpatriati dall'ambasciata spagnola. Di questi, la maggior parte erano veterani dei "Karstjäger" e in misura minore di altre unità (Sourd cita anche l'Unità Ezquerra) e alcuni ex lavoratori del Reich.

Per quanto riguarda il Brandeburgo spagnolo in ritirata verso la Francia, lo Stato Maggiore del Gruppo d'Armate E, situato nel sud della Francia, tentò la formazione di una Compagnia di legionari spagnoli. Secondo Antonio Muñoz in "Legioni dimenticate" a pagina 198, gli uomini della 8.Kompanie II. Bataillon 3.Regiment "BR", dove erano di stanza gli spagnoli, formarono il cosiddetto "Streifkorps Biscaya" come parte dello "Streifkorps Süd-Frankreich". A questi uomini, guidati dal tenente Demetrio, si unirono alcuni spagnoli dell'organizzazione Todt nel luglio 1944, formando il cosiddetto Einsatzgruppe Pyrenären, che combatté il Maquis nel sud e nel sud-est della Francia; (Secondo Sourd questo Einsatzgruppe Pyrenären sarebbe stato formato direttamente dal Sondestab F nel lontano gennaio 1944, anche se questo punto è discutibile in quanto non ho altre fonti che lo confermino, essendo più credibile l'origine "brandeburghese" di questa unità).

Durante il suo periodo di attività, l'Einsatzgruppe Pyrenären si distinse nella lotta antipartigiana contro i Maquis (principalmente nel sud-ovest della Francia). Poiché molti di questi maquis erano ex combattenti della Repubblica spagnola durante la guerra civile spagnola, questi scontri portarono a un'estrema aggressività tra le due parti, che sfociò in vari atti che potrebbero essere qualificati come "crimini di guerra" da entrambe le parti.

Durante l'esistenza dell'Einsatzgruppe Pyrenären, un paio di uomini dell'SD furono temporaneamente assegnati a questa unità con la missione di "dare la caccia" a un importante membro dell'OSS (servizio segreto statunitense) che aveva come campo operativo i Pirenei in stretta collaborazione con la Resistenza francese. Uno di questi uomini era Rufino Luis García Valdajos, che era stato di stanza nel Sonderstab F ed era stato "catturato" dall'SD, al quale sarebbe entrato con il grado di Obersturmführer dell'SD. L'altro uomo era un altro spagnolo, amico e collega di García Valdajos; il suo nome era Ricardo Botet Moro. Botet Moro, come García Valdajos, era stato reclutato nello Stablack Süd da un ufficiale dell'SD, che in questo caso pare si chiamasse Ellis o Ehlers (secondo Sourd).

Tornando alla ricerca dell'agente OSS nei Pirenei, sembra che non sia stata molto efficace da parte di entrambi gli uomini. Questo perché dissero di essere stati "abbandonati" da qualche parte nel sud-ovest della Francia con abiti civili e una certa somma di denaro per gestire una stagione di ricerche; ma non avevano informazioni precise su dove, come e quando agire per catturare l'agente americano. Il risultato fu, come racconta Botet: "Non cercammo di trovare nessuno. Non avevamo compreso appieno gli ordini e non avevamo idea di dove iniziare la ricerca" (in Sourd).

Anche Miguel Ezquerra, che era stato "catturato" dall'SD, al quale si era unito con il grado di SD Hauptsturmführer, agì in diverse missioni anti-guerriglia nella primavera e nell'estate del 1944 nel sud della Francia.

L'unità spagnola Einsatzgruppe Pyrenären doveva essere costituita a Pamiers (nel distretto francese del dipartimento dell'Ariége), anche se nell'estate del 1944, dopo lo sbarco in Normandia, fu difficile formare i suoi quadri, poiché erano in molti ad aspettare che l'occupazione alleata "sparisse". Insieme allo Streifkorps Süd-Frankreich, si ritirò dalla Francia nell'estate del 1944 di fronte all'avanzata delle forze alleate.

Nel settembre 1944 (Sourd fa riferimento al mese di giugno, anche se nelle varie fonti consultate è più realistico e credibile che ciò sia avvenuto in settembre, dato che fu nel luglio di quell'anno che l'attentato a Hitler accelerò questo processo), mentre avveniva il processo di assorbimento dell'Abwehr, lo Streifkorps Süd-Frankreich fu trasferito all'SS-Jagdvervänd Südwest, una formazione sotto il comando dell'Obersturmbannführer Otto Skorzeny.

L'SS-Jagdvervänd Südwest aveva la forza di un piccolo reggimento, con la seguente organizzazione (secondo Sourd):
- Scuola di cucina e campeggio
- SS Jadgeinsatz Italien (composto da volontari italiani)
- SS Jadgeinsatz Nordfrankreich (composto da volontari francesi)
- SS Jadgeinsatz Südfrankreich (composto da volontari francesi e spagnoli)

Il trasferimento di uomini dalla "Brandenburg" all'unità di Skorzeny fu motivato dal cambio di incarico assegnato alla "Brandenburg". In seguito al complotto del 20 luglio 1944 per uccidere Hitler, Canaris e altri alti ufficiali dell'Abwehr, che controllavano la Divisione, furono collegati agli eventi. Immediatamente il controllo della Divisione passò all'SD, in seguito sarebbe diventata un'unità di combattimento convenzionale (anche se considerata d'élite) e come Infanterie-Division Brandenburg (mot) sarebbe stata inviata sul fronte orientale. Circa 1800 uomini della "Brandenburg" riuscirono a essere trasferiti agli SS-Jagdverbände dell'SS-Standartenführer oberstumbannführer Skorzeny, "destinandoli" alle sue operazioni speciali sul fronte occidentale.

Forse gli uomini di Demetrio, aggregati all'Einsatzgruppe Pyrenären (e chissà se anche alcuni degli uomini che avevano svolto "operazioni speciali" sotto il comando di Miguel Ezquerra, appartenenti all'Unità di Skorzeny e che erano stati attivi nel settore della Normandia), che secondo Sourd contavano circa 20-30 uomini, costituivano il cosiddetto "Kommando Kondor" aggregato all'SS-Jagdeinsatz Süd-Frankreich. Furono assegnati a una base vicino alla città alsaziana di Molsheim per combattere l'infiltrazione di collaborazionisti francesi nelle regioni liberate. Questi spagnoli, secondo Sourd, così come i loro compagni di altre nazionalità, parteciparono a diversi corsi di addestramento in varie tattiche di sabotaggio e operazioni speciali. Questi corsi si svolsero a Tiefenthal e a Wiesbaden tra l'ottobre e il novembre 1944 (per una durata di tre settimane) e un altro tra il gennaio e il marzo 1945 per un ulteriore addestramento (per un totale di tre o quattro giorni). Dal gennaio 1945, gli spagnoli del "Kommando Kondor" si unirono alle missioni di ricognizione e sabotaggio nelle retrovie della Settima Armata statunitense. Nell'aprile 1945, l'SS-Jagdvervänd Südwest fu fuso nell'SS-Jagdvervänd Mitte; all'epoca quest'ultimo era comandato personalmente da Skorzeny. Furono i resti di queste truppe che avevano combattuto sul Fronte Occidentale che nell'aprile 1945, dopo aver attraversato il centro di concentramento delle truppe spagnole a Potsdam sotto la guida di Ezquerra, furono incaricati di far parte del sistema difensivo della fortezza alpina. Sebbene lo stadio avanzato del conflitto e le numerose difficoltà di movimento impedissero loro di arrivare, negli ultimi giorni di guerra furono sciolti e fuggirono sulle montagne austriache, preferibilmente in abiti civili, con l'intenzione di approfittare della minima occasione per tornare in patria.

Dall'ottobre 1944, i resti delle unità spagnole che combatterono in Jugoslavia (102ª) furono raggruppati a Stockerau e Hollabrunn con quelle che combatterono nei Carpazi (101ª) e con la terza Compagnia che era stata completata con i volontari che continuavano ad arrivare (i "resti" del Sonderstab F furono trasferiti a Stockerau nell'autunno 1944, dove rimasero fino alla fine della guerra, svolgendo il loro lavoro di reclutamento e organizzazione degli arrivi spagnoli).

Sebbene il progetto di creare un'unità di volontari spagnoli fosse ancora in vigore, in questo periodo la Spanisches-Freiwilligen-Einheit fu incorporata nella brigata di deposito croata (Kroatisches-Ersatz-Brigade) che forniva rimpiazzi alle 369ª, 373ª e 392ª divisione tedesco-croata della Wehrmacht.

Essi formarono il Freiwillige Ausbildungbataillon (Spanische), di guarnigione a Stockerau, che sarebbe passato sotto il comando della Ersatz Ausbildungsbrigade delle Divisioni di fanteria volontaria croata dello Heer, comandata dal colonnello Klein; e il battaglione di deposito, il Freiwillige Ersatzbataillon (spanische), era di guarnigione a Hollabrunn. Questa brigata di deposito croata forniva rimpiazzi per la 369ª, 373ª e 392ª divisione della Wehrmacht tedesco-croata.

Secondo Georg Tessin, il 30 gennaio 1945 furono costituite a Stockerau le 101esime e 102esime compagnie di volontari spagnoli, Freiwilligen-infanterie-kompanien (Spanischen), con il personale delle compagnie di riserva e di addestramento della Spanisches-Freiwilligen-Einheit, che fu sciolta. Queste compagnie furono aggregate alla 357a Infanterie-Division. Questa teoria non sembra avere alcun fondamento reale poiché, come già detto, l'esistenza delle compagnie spagnole 101ª e 102ª è già menzionata a Hall im Tirol.

Una nota dal fascicolo del Comando delle unità estere dell'OKW, datata 16 dicembre 1944, riporta lo scioglimento della Compagnia spagnola nel Gruppo d'armate Sud, nonché del Battaglione di addestramento spagnolo, compreso il personale di collegamento precedentemente in servizio nella Legione spagnola, e del Battaglione di rimpiazzo dei volontari spagnoli nel Distretto militare XVII, centralizzato a Vienna. Tutto questo personale sarà assorbito nelle SS. NARA T77/885/5634561 (U.S. National Archives and Records Administration).

La situazione di "attesa" delle truppe spagnole alloggiate a Stockerau permise di registrare, già a partire dall'11-17 dicembre 1944, l'"abbandono" della caserma austriaca di 33 uomini alla 28ª SS-Freiwilligen-Panzergrenadier-Division "Wallonien". Approfondiremo in seguito questo trasferimento di uomini. Di fronte a questa situazione, il 19 dicembre 1944 il comandante dell'unità croata protestò con forza contro questa "coscrizione" di uomini sotto la sua giurisdizione da parte di questa unità delle Waffen SS sotto il comando del suo Distretto Militare a Vienna. Arrivò anche a confiscare il permesso di viaggio ottenuto tramite le Waffen SS da un uomo di nome Rafael Barrio Toquero (che aveva prestato servizio nell'unità anticarro del 269° Reggimento della DEV e poi nella Legione) che, a quanto pare, era uno di quelli che cercavano di unirsi ai valloni. (GUTTENBERG)

Come risulta dal fascicolo del Comando delle unità estere dell'OKW datato 16 dicembre 1944, in linea di principio la partenza degli spagnoli verso le unità delle SS aveva un sostegno ufficiale, anche se è possibile che questa non fosse la procedura di trasferimento alle unità delle SS che il Comando delle unità estere dell'OKW avrebbe potuto prendere in considerazione. Tuttavia, come vedremo in seguito, questo trasferimento "ufficiale" di spagnoli alle Waffen SS fu interrotto e la nuova unità di destinazione degli spagnoli fu la 357a Divisione di Fanteria, che non apparteneva alle Waffen SS.

Il 25 gennaio 1945 il 17° Distretto Militare (Vienna) costituì le 101ª e 102ª Compagnie di Volontari Spagnoli come rinforzo per la 357ª Divisione di Fanteria, dopo aver sciolto i Battaglioni Volontari di Addestramento e Sostituzione a Stockerau e Hollabrunn. Le compagnie furono opportunamente disposte con personale di collegamento tedesco (due ufficiali, 44 uomini e sei traduttori per ogni compagnia) che forse prevaleva tra gli spagnoli e si trasferirono a Sared (vicino a Bratislava, nota in tedesco come Pressburg) dove si trovava l'unità. Il personale non addestrato fu assegnato come manodopera per le unità di lavoro (NARA T79/94/672-3). Questi uomini prestarono servizio nel 357° fino alla fine di marzo 1945.

SS-Freiwilligen-Panzergrenadier-Division "Wallonien" che seguivano i loro compagni "fuggiti" nella stessa direzione a metà del mese precedente.

Proseguendo con gli avvenimenti di Stockerau dal novembre 1944, coloro che non "disertarono" per i "Wallonien" e rimasero con la Brigata tedesco-croata passarono ovviamente sotto la 357ª Divisione di Fanteria nel settembre 1944 e finirono schierati in Slovacchia, a est di Bratislava, precisamente tra le città di Levice e Neutra (Nitra in tedesco). Quelli della 101ª furono i primi a partire per raggiungere la loro nuova unità, arrivando dopo il transito in treno, nei pressi di una città che potrebbe chiamarsi Vajka (anche se potrebbe essere un altro nome, come riconosce F. Vadillo), sulle rive del fiume Hron, un affluente del Danubio. I membri della 102ª Compagnia spagnola lasciarono Stockerau più tardi, il 6 febbraio, ma dopo un'incursione aerea da parte di aerei americani, il treno ripartì finalmente il 10, passando per l'attuale Bratislava l'11, dopo essersi lasciati alle spalle Vienna, e fermandosi di nuovo a Leoben il 12 e a Nitra il 13. Seguendo il loro itinerario, raggiunsero Vrable (V) (anche se potrebbe essere un altro nome, come riconosce F. Vadillo). Seguendo il loro itinerario, il 14 raggiunsero Vrable, vicino al fiume Zitava. Infine, gli uomini del 102° raggiunsero la loro destinazione il 16, venendo "sbarcati" nel piccolo villaggio di Kisgyekduyer, a pochi chilometri dalla loro posizione sulla seconda linea difensiva tedesca, dove rimasero solo due giorni, poiché dopo 48 ore furono inviati in prima linea.

Uomini della 101ª e della 102ª Compagnia spagnola furono incorporati nelle varie unità della 357ª, che verso la metà di gennaio era stata ritirata dal fronte per rifornirsi, scegliendo la città di Neutra, data la forte "forza" che le truppe del 2° Fronte ucraino al comando del maresciallo Malinovski mostravano; e nel caso degli spagnoli con la 6ª Armata corazzata sovietica appartenente al suddetto 2° Fronte ucraino. Già a gennaio affrontarono i sovietici a Nagy Kalna, circa 50 chilometri a nord dello Hron (in tedesco "Grande"). A febbraio parteciparono al contrattacco contro la testa di ponte di Hron sotto il comando del I.SS-Panzerkorps. Alla fine di marzo si sa che gli spagnoli presero parte alla battaglia del fiume Hron, dove subirono anche pesanti perdite. In questo periodo gli uomini facevano parte dell'Ottava Armata, partecipando alla linea difensiva tedesca che correva proprio lungo il fiume Hron, nel sud della Cecoslovacchia, tra il 31 gennaio e il 2 marzo. Da Fernando Vadillo apprendiamo di una trentina di uomini della 102ª Compagnia spagnola che, come già detto, l'8 marzo si trovavano nei pressi di Kisgyekduyer, vicino al villaggio di Vráble. Dalle loro postazioni sorvegliavano il letto del fiume Hron e riuscirono a mantenere le posizioni fino al 23, quando a Kurt Jentsch (il capo del piccolo gruppo spagnolo, che fungeva anche da interprete) fu ordinato di ritirarsi in seconda linea. Dopo due giorni, abbiamo localizzato il gruppo a Uibarch dove, insieme ai tedeschi di stanza, ha dovuto affrontare un potente attacco sovietico. Dopo aver resistito stoicamente, ricevettero un nuovo ordine in cui veniva loro affidata la missione di liberare e poi difendere una strada dal nemico, lungo la quale le forze tedesche con batterie da montagna dovevano ritirarsi. Da quel momento iniziarono una ritirata permanente, esposti in ogni momento a un attacco sovietico o ai partigiani sempre più agguerriti.

Il nuovo volo in formazione porterà il gruppo di spagnoli in città come Topol'cany, Bánkovce, Trencín e poi Nove Mesto na Váhom (in tedesco Neustadt), dove arrivano l'ultimo giorno di marzo. Proseguirono poi per Myjava (sull'attuale confine tra Repubblica Ceca e Slovacchia), dove arrivarono il 2 aprile, prima di raggiungere Strážnice il 4 dello stesso mese e la stazione ferroviaria di Belusa il giorno successivo. Lì fu miracolosamente permesso loro di salire su un treno per Hollabrun, dove arrivarono intorno al 6 aprile. Ma non rimasero a lungo nella caserma austriaca, poiché ricevettero un nuovo ordine di salire su un treno il giorno successivo, che li avrebbe portati via Pilsen alla città tedesca di Hof l'11. Nella caserma in cui furono prelevati, trascorsero una settimana di riposo da tutte le disgrazie precedenti, dopodiché cambiarono le loro uniformi con abiti civili e ricevettero il congedo obbligatorio dalle forze armate tedesche; allo stesso tempo fu consegnata loro la documentazione che attestava che si trattava di lavoratori ingaggiati dal governo del Reich, il che avrebbe impedito in seguito che venissero mosse accuse contro questi uomini che li avevano aiutati volontariamente fino alla fine.

Ma tornando alla situazione in cui si trovava la 357ª Divisione di fanteria nel marzo 1945, durante la quale aveva combattuto feroci battaglie, l'esaurita Divisione non ebbe altra scelta che ripiegare e combattere in direzione di Bratislava e Vienna. A circa 40 chilometri alle spalle di Neutra, la 357ª assume nuovamente posizioni difensive sotto il controllo operativo del Panzerkorps "Feldherrnhalle" comandato dal generale del Panzertruppe Kleemann. Ancora una volta vengono sopraffatti dai sovietici e si dirigono verso nord-ovest, in particolare verso la zona di Brno (Moravia).

All'inizio di maggio, i resti del 357° "in frantumi" ripiegano nuovamente, spinti dal rullo sovietico, verso le città di Iglau (Jihlava in ceco) e Deutsch-Brod (Havlikcuv-Brod in ceco), dove infine si arrendono ai loro "inseguitori". Solo pochi uomini, sparsi e separati dal corpo principale dell'unità, riuscirono a sfondare l'accerchiamento fino a Büdweis (Ceské Budejovice in ceco), dove si arresero agli americani. Anche se alcuni riuscirono nell'impresa, si ritrovarono di nuovo nelle mani dei sovietici quando furono consegnati agli americani e trasferiti con il resto degli uomini catturati della loro unità nei campi sovietici di Schachty, Charkov, Stalino e persino Mosca.

È praticamente impossibile sapere con certezza che fine abbiano fatto questi uomini che combatterono nella 357ª, anche se è molto probabile che la maggior parte dei volontari spagnoli sia stata uccisa e che pochissimi siano stati fatti prigionieri dai sovietici. All'interno di questo gruppo troviamo il caso del caporale Jorge Mayoral Mora (nato a Don Benito), veterano della DEV e della LEV, appartenente alla 102ª Compagnia spagnola e infine aggregato alla 357ª, che fu catturato dai sovietici il 20 marzo 1945 nei combattimenti presso il fiume Hron, quando comandava un plotone di volontari spagnoli. Secondo F. Vadillo, quello stesso giorno caddero nelle mani dei sovietici anche Manuel Báez Gil (di Cadice), Miguel Climent Sebastián (di Alicante), Manuel Rodríguez Martín (delle Isole Canarie), Jesús Corral Martín (di Santander), Benjamín Vázquez García (della Galizia) e Juan Martínez García (di Murcia). Tornando al tema dei "disertori" della 357ª Divisione di fanteria, il trasferimento di truppe alla Divisione vallone fu motivato dalla mediazione di Antonio Alfonso Van Horembeke, uno spagnolo nazionalizzato in Belgio, che aveva partecipato alla guerra civile e che all'epoca era assegnato alla delegazione provinciale FET-JONS di Vizcaya, ricevette l'ordine di partire per la Germania alla fine di marzo 1944 con la missione di raccogliere il maggior numero di spagnoli che poteva trovare e arruolarli nella legione fiamminga delle Waffen-SS. In questo primo "lotto" di spagnoli reclutati per la "Wallonien" c'erano diversi sottufficiali con una notevole esperienza di combattimento sia con la Divisione che con la Legione spagnola sul fronte orientale. Tra di loro c'erano Zabala, Ocañas, Cabrera, Vadilio e Pinar, che recuperarono immediatamente i gradi persi fino a quel momento. In seguito, tramite Beltrán de Guevara (un vecchio amico di Horembeke che si era unito alla "Wallonien" nel primo contingente della brigata di deposito croata), un altro gruppo di spagnoli arrivò da Stockerau e Hellabrun e si diresse verso Hemmendorf, che allora era la sede della "Wallonien".

A luglio, dopo alcuni mesi senza successo, continuò con lo stesso compito, anche se questa volta l'unità di destinazione era la "Wallonien". Alla fine di settembre si trovò in Polonia con un sottufficiale vallone di nome Paul Kehren (anch'egli veterano del Tercio) e con lui prese contatto con Leon Degrelle per proporre l'integrazione di spagnoli nei ranghi della 28ª SS-Freiwilligen-Panzergrenadier-Division "Wallonien". Degrelle, sempre bisognoso di nuovi rinforzi per le sue truppe in diminuzione, vide questa come un'opportunità unica, così accettò l'idea e affidò la missione a Van Horembeke. Quest'ultimo entrò in contatto con l'SS-Ostuf (Primo Tenente) Luis García Valdajos, grazie alla sua conoscenza dello status degli spagnoli nelle forze armate tedesche. Nel settembre o all'inizio dell'ottobre 1944 ebbe luogo all'Hotel Adlon di Berlino un colloquio tra García Valdajos, Botet Moro (che fungeva da interprete) e Leon Degrelle, che servì sicuramente a convincere lo spagnolo ad unirsi alla "Wallonie", che ebbe luogo il 1° novembre.

García Valdajos, Kehren e Van Horembeke iniziarono a reclutare ovunque potessero trovare spagnoli da arruolare tra novembre e dicembre. Evidentemente un campo importante in cui agirono per reclutare uomini furono i campi di Stockerau e Hollabrunn, dove, come già detto, diversi spagnoli "disertarono" verso la divisione vallone. Un'altra importante "fonte" di spagnoli era il lavoro nelle fabbriche o anche in altre unità della Wehrmacht. È difficile dire con esattezza quanti uomini si unirono ai belgi da entrambi i campi, ma è possibile affermare che tra questi e quelli reclutati in altre aree si formò un'unità quasi indipendente, comandata esclusivamente da spagnoli e comandata da García Valdajos. Alla fine del novembre 1944 il primo contingente di volontari spagnoli fu concentrato nel campo che la divisione vallone aveva a Breslau. Il numero finale di spagnoli che si unirono alla "Wallonie" potrebbe essere stato un centinaio, secondo alcuni, anche se è più probabile che ci fossero 240-350 uomini nel gennaio 1945 (questa cifra è approssimativa, come si può capire, e ci sono diverse opinioni al riguardo; Sourd dice che erano circa 350, Caballero Jurado pone la cifra tra 350 e 400, e secondo la testimonianza di Albert Steiver sarebbero circa 240). Mentre la formazione spagnola veniva "messa insieme", Botet Moro fu inviato alla SS Panzergrenadierschule Kienschlag di Prosetschnitz (nella Repubblica Ceca), da dove, secondo Sourd, sarebbe tornato con il grado di Standaten Oberjunker.

Nell'unità vallone, la lotta contro il comune nemico sovietico avvicinò spagnoli e valloni. L'SS-Sturmbannführer belga Franz Hellebaut ha registrato che furono integrati nell'unico battaglione del 70° reggimento di fanteria SS della divisione comandata dall'SS-Hstuf (capitano) Robert Denie, con la conseguente formazione di una terza compagnia (3a compagnia del primo e unico battaglione del 70° reggimento granatieri (il 3/I/70)). L'SS-Ustuf. (guardiamarina) Rudi Bal, che parlava spagnolo perché aveva vissuto in Argentina anni prima, fu scelto come ufficiale di collegamento con il resto della divisione. Le truppe vallone e spagnole lasciarono Breslau e furono dapprima sistemate a Olderhof (vicino ad Hannover) e poi inviate nella zona della Renania, dove furono preparate per un eventuale intervento nell'offensiva delle Ardenne, Tuttavia, il 24 dicembre 1944 un gruppo di spagnoli al comando dell'SS-Oscha (guardiamarina) Ricardo Botet si trovava nella zona di Marmagen (Nettersheim) come parte del gruppo di uomini dell'SS-Ostuf Derriks. Una volta lasciato il fronte occidentale, a febbraio si spostarono a Stettin (oggi Stettino) e nel settore di Stargard (oggi Stargard Szczeciński).

Sebbene il capo degli spagnoli fosse, come detto, García Valdajos, Bal sarebbe diventato il capo effettivo della compagnia quando García Valdajos, alla fine del gennaio 1945, fu lasciato nella zona di Remagen; Berlino è il luogo successivo in cui si hanno sue notizie, all'inizio della formazione dell'Unità Ezquerra, quando le truppe della "Wallonie" furono inviate al fronte. Questa decisione fu motivata principalmente dal fatto che le eccellenti qualità di García Valdajos erano legate a compiti organizzativi e amministrativi, non essendo il suo punto di forza il comando delle truppe in combattimento, come abbiamo già visto.

Sempre nelle fasi finali dell'addestramento e prima dell'entrata in combattimento, avvenne un altro "trasferimento" di uomini da un'unità all'altra, per cui un gruppo di circa 30 volontari italiani (la cifra proposta da Sourd sarebbe di 50, anche se è l'unico tra quelli consultati a fornire una cifra così alta), composto da lavoratori italiani in Germania e da emigrati italiani residenti in Belgio, ottenne il permesso di entrare a far parte della 29ª Waffen Grenadier Division der SS (Italienische Nr 1)", composta principalmente da italiani.

Agli italiani vanno aggiunti una decina o una ventina di spagnoli che forse avevano preferito trasferirsi in un'altra zona del conflitto più vicina alla Spagna. Questo piccolo gruppo di spagnoli era comandato dagli SS-Oscha Camargo e SS-Uscha Martinez Alberich, che saranno integrati nella divisione italiana alla guida di una sezione del SS-Regiment 81 della 29ª Waffen Grenadier Division der SS "(Italienische Nr 1)". Questo piccolo gruppo di spagnoli della "Wallonien" si caratterizzò al suo arrivo per indossare l'uniforme mimetica invernale delle Waffen SS, che differiva notevolmente da quella indossata dagli uomini dell'unità italiana. Le loro missioni furono svolte preferibilmente per arginare le attività partigiane, sempre più frequenti e sempre più audaci; solo alla fine del conflitto si scontrarono con le truppe regolari americane con risultati accettabili, date le circostanze, negli ultimi giorni del conflitto in Europa. Potrebbero aver preso parte ai combattimenti nei pressi di Trieste e del Brennero, anche se non ci sono informazioni confermate in merito. Nel gennaio 1945 raggiunsero la zona di Rodengo-Saiano, dove si trovava la base di addestramento della Divisione italiana. Come epilogo, va ricordato che la maggior parte degli uomini che si arresero da questa unità ai partigiani furono immediatamente giustiziati.

A partire da metà gennaio 1945, i sovietici, fino ad allora relativamente inattivi, lanciarono una grande offensiva che sfondò il fronte della Vistola. Solo poche settimane dopo raggiunsero il fiume Oder, costringendo le forze tedesche a ritirarsi e a ricostruire le proprie difese. Per stabilire un fronte difensivo sicuro, nuove truppe vengono richiamate in prima linea sul fronte orientale; tra queste c'è l'unità vallone (magnificamente studiata da Norling).

SS-Freiwilligen-Grenadier-Division "Langemarck", ricevettero l'ordine di trasferirsi al fronte, anche se non era chiaro esattamente dove sarebbero stati dislocati. Il 28 gennaio si "imbarcarono" su diversi treni che li portarono a Stargard, dove la maggior parte degli uomini della "Wallonien" arrivò il 6 febbraio dopo aver lasciato la parte occidentale del Reich. Non tutti arrivarono, come la Compagnia di Stato Maggiore e il 1° Battaglione del SS-Freiwilligen-Grenadier-Regiment 69, a causa di un errore della Deutsche Reichsbahn (Ferrovie tedesche del Reich), che li sbarcò a Stettino.

La SS-Freiwilligen-Panzergrenadier-Division, nei primi giorni del febbraio 1945, quando la "Wallonien" era già schierata nella zona di Stargard, vicino a Stettino (Szczecin), ricevette diverse spedizioni di spagnoli da Vienna e Berlino. Con questi volontari la 3ª Compagnia fu completata con tre plotoni e un quarto plotone fu creato nella 1ª Compagnia dello stesso battaglione (un plotone indipendente che sarebbe stato collegato alla 5ª Compagnia dell'SS-Ustuf vallone Albert Steiver). Questi ultimi rinforzi provenivano molto probabilmente dalla 101ª e dalla 102ª Compagnia, oltre ad alcune reclute dell'ultimo minuto, alcune delle quali, non avendo un'adeguata preparazione militare, furono rimandate al loro luogo d'origine. Lo stesso Steiver, nelle sue memorie intitolate "Krussow -1945 Wallons et espagnols", testimonia le azioni degli spagnoli di stanza in loco. In assenza dell'SS-Hstuf Denie, Steiver assunse il comando del battaglione e la missione di rendere il più utile possibile l'incorporazione dei nuovi spagnoli, che dovettero subito affrontare una lunga marcia di circa 35 chilometri per raggiungere la loro posizione al fronte. Secondo il testo di Steiver, egli stimò l'arrivo di circa 260 uomini, anche se il numero potrebbe essere stato leggermente inferiore.

I comandanti di ciascuna delle tre sezioni che componevano la Compagnia erano SS-Oscha La Fuente (secondo Sourd il suo grado sarebbe stato Waffen-Hauptscharführer der SS) e Lorenzo Ocañas (secondo Sourd il suo grado sarebbe stato Waffen-Oberscharführer der SS), in qualità di comandante di compagnia ad interim SS-Oscha Ricardo Botet (secondo Sourd il suo grado sarebbe stato Standarten Oberjunker) che combinava questo compito con quello di comandare la 1ª Sezione. Altri nomi che formarono come ufficiali e sottoufficiali della Compagnia furono Pedro Zabala, Juan Pinar, Cabrejas e il già citato Van Hoorembeke, che era tornato al servizio "attivo" dopo la sua attività di reclutatore per i "Wallonien".

Il quarto plotone che si formò con gli arrivi spagnoli, come già detto, fu aggregato come unità di supporto alla 1ª Compagnia di Steiver, con la quale avrebbe partecipato alla battaglia di Stargard. Questo plotone era comandato dal sergente Abel Ardoos (forse in realtà Ardoz, il cui grado secondo Sourd era Waffen-Hauptscharführer der SS) ed era abbastanza ben equipaggiato, ricevendo mitragliatrici pesanti e armi anticarro, oltre a una cucina da campo. Il fatto che il comando di questo plotone fosse affidato ad Ardoos era dovuto in gran parte alla sua conoscenza del francese e del tedesco.

Nei pressi di Stargard, riferisce Sourd, alcuni spagnoli ebbero un diverbio con un ufficiale tedesco appartenente a un'unità militare sconosciuta e con i suoi uomini. L'incontro era stato provocato dal processo immediato a cui erano state sottoposte tre donne polacche accusate di aver rubato patate dai magazzini tedeschi, con il risultato che dopo il loro arresto erano state condannate a morte. Il caso volle che l'Hauptsführer belga Denie e lo spagnolo Botet Moro, insieme a un altro gruppo di spagnoli di cui non conosciamo il nome, arrivassero alla fattoria dove doveva essere eseguita la sentenza e si opponessero fermamente alla sua esecuzione. Alla fine, dopo molte discussioni e minacce da entrambe le parti, gli spagnoli e Denie riuscirono a liberare le donne, ma non senza ricevere un'ultima minaccia da parte dell'ufficiale tedesco, che consisteva nientemeno che in una corte marziale. Poco dopo, mentre gli spagnoli marciavano verso nuove posizioni, Sourd racconta che cinque di loro si staccarono dalla colonna in formazione e riuscirono presumibilmente a uccidere l'ufficiale tedesco e alcuni dei suoi uomini per evitare di vendicarsi dei fatti accaduti.

Tornando alla disposizione generale degli uomini della "Wallonien", essi furono schierati in un settore del fronte dove coincidevano con una moltitudine di uomini appartenenti alle più diverse nazionalità, e furono integrati nella rete difensiva tedesca. Lì combatteranno per fermare il potente "rullo" sovietico, norvegesi, svedesi, danesi, fiamminghi, valloni, olandesi, francesi, estoni, lettoni e spagnoli; tutti in completo cameratismo a combattere per un obiettivo comune. I sovietici si stavano avvicinando a sud-ovest di Stargard e l'arrivo delle due unità belghe, sia fiamminga che vallone, era richiesto con urgenza. L'area affidata ai valloni per la difesa si trovava a sud della città di Stargard, lasciando come forza di riserva l'unico Battaglione del 2° Reggimento, dove gli spagnoli furono integrati, formando la loro 3ª Compagnia.

Saranno la 2ª Armata corazzata sovietica e il 61° Corpo d'armata a impegnare l'unità vallone. Il 7 febbraio, la battaglia per Arnswalde, circa 30 chilometri a sud di Stargard, raggiunge il suo culmine. Il 10 febbraio, le forze sovietiche riprendono l'offensiva contro la città di Stargard, mentre gli spagnoli compiono diverse incursioni nel territorio occupato dai sovietici, dimostrando grande coraggio e ferocia in ogni loro azione.

L'11 la 1ª Compagnia del 1° Battaglione dell'SS-Freiwilligen-Grenadier-Regiment 69, temporaneamente aggregato alla 10ª SS-Panzer-Division "Frundsberg", tenta di conquistare il villaggio di Klutzow con l'appoggio di alcune unità aeree e corazzate, sempre più difficili da ottenere, e di un buon manipolo di uomini, tra cui alcuni spagnoli. L'attacco si blocca, lasciando i valloni e gli spagnoli a difendere il settore Krüssow-Stardgard (oggi Kluczewo-Stargard Szczeciński, che appartiene alla Polonia), dopo che il supporto aereo e terrestre di cui disponevano per l'offensiva era partito. Krüssow cadde inevitabilmente nelle mani dei sovietici, che il 13 febbraio indussero i valloni a ritirarsi verso Wittichow (ora Witkowo) e Schneidersfelde (ora Radziszewo). La 3ª Compagnia, la Compagnia spagnola, insieme alla 6ª Compagnia di Rooryck e alla 1ª Compagnia di Lecoq, prese posizione a sud di Streesen (l'odierna Strzyżno polacca).

Il 16 febbraio 1945 ebbe inizio l'Operazione "Sonnenwende" (Solstizio), che coinvolse, tra altre, le Divisioni SS "Frundsberg", "Nordland", "Langemarck", SS Polizei, "Nederland" e "Wallonien", tutte sotto il comando congiunto dell'SS-Obergruppenführer Felix Steiner. La ragion d'essere di questa operazione era di approfittare del fatto che i sovietici avevano esposto i loro fianchi dopo i significativi avanzamenti compiuti in seguito all'offensiva del gennaio 1945 dalla Vistola all'Oder. Per approfittare di questa situazione, i tedeschi avrebbero dovuto effettuare un movimento offensivo "a tenaglia" per intascare queste truppe e sopraffarle. Una delle "tenaglie" sarebbe partita dalla Pomerania e l'altra dall'Ungheria. Ma la crudele realtà dello stato delle Forze Armate tedesche impediva loro di ottenere le truppe necessarie per raggiungere questo obiettivo, per cui l'obiettivo principale dell'offensiva tedesca fu quello di raggiungere le truppe assediate ad Arsnwalde (oggi Choszczno), obiettivo che fu raggiunto il 18 febbraio, anche se a costo di pesanti e irreparabili perdite senza riuscire a "stabilizzare" la linea del fronte.

La direzione principale dell'attacco sarà portata dalla "Nordland" con l'11 Abteilung Panzer "Hermann von Salza" come ariete e su entrambi i lati i 2 reggimenti della divisione, il "Norge" a est e il "Denmark" a ovest. Gli uomini della "Langemark" e della "Wallonien" coprivano il fianco occidentale; la "Frundsberg" e la "Polizei" erano in direzione del fiume Oder; mentre il fianco orientale era coperto dalla "Nederland" olandese e dalla "Führer Grenadier division". Il 19 e il 20 si svolsero pesanti combattimenti nei pressi di Arnswalde e il 21 iniziò la ritirata di tutte le forze a sud del fiume Inha.

La successiva riorganizzazione delle forze ancora "in piedi" in quel settore portò il "Wallonien" sotto il controllo del più potente "Nordland".

Il 27 febbraio i sovietici avanzano con l'intenzione di accerchiare le truppe a Stargard; inizia la Battaglia per Stargard. Le truppe vallone erano posizionate nei pressi di Kollin (oggi Kolin), a circa 15 chilometri dalla città che ha dato il nome alla battaglia. Le perdite furono così pesanti che l'unico battaglione del SS-Freiwilligen-Grenadier-Regiment 70 (noto anche come 3/I/70), dove erano di stanza gli spagnoli, dovette essere sciolto e le sue truppe distribuite tra i due battaglioni del SS-Freiwilligen-Grenadier-Regiment 69. Qui gli spagnoli, in collaborazione con i valloni, distrussero i carri armati sovietici, soprattutto i noti T 34, con le loro nuove armi anticarro (i temuti panzerfaust), rallentando il più possibile la loro avanzata. Esiste un resoconto di una battaglia in cui gli spagnoli armati di panzerfaust ingaggiarono un gruppo di T 34, distruggendone uno, colpendone un altro e facendolo ritirare. I pattugliamenti che gli spagnoli dovevano effettuare logoravano sempre più le forze già esaurite rimaste sul campo, che si mostravano imprudenti e talvolta venivano sorprese dalle micidiali risposte degli avversari, sempre all'erta sui movimenti spagnoli. In questo periodo la 1ª Compagnia di Steiver e quindi il plotone Ardoos furono temporaneamente aggregati alla Divisione "Frundsberg".

Il 3 marzo, i resti del defunto 1° battaglione del 70° reggimento di fanteria SS della divisione coprono la ritirata della "Wallonie" lungo la costa baltica.

Il 4 marzo Stargard fu definitivamente abbandonata, con i valloni e gli spagnoli di Ardoos che furono gli ultimi a ritirarsi, nonché gli ultimi a coprire la popolazione civile che cercava di fuggire verso ovest e le unità militari che si sciolsero alla ricerca delle retrovie. Sono stati 28 giorni di combattimenti quasi continui che hanno definitivamente esaurito la sezione di spagnoli in servizio nella 1ª compagnia di Steiver. Sebbene non esistano dati precisi che possano confermare la veridicità di questa informazione, essa ci dà un'idea molto approssimativa del significativo logoramento del plotone. Anche il resto degli spagnoli integrati nella 3ª Compagnia subì importanti perdite, tanto che, come già detto, dovettero essere inquadrati nel SS-Freiwilligen-Grenadier-Regiment 69. Solo una sessantina di spagnoli riuscirono a sfuggire all'assedio di Stargard, in Pomerania, all'inizio di marzo 1945; Rudi Bal, l'allora capo della compagnia spagnola, sarebbe caduto in combattimento il 6 marzo alla testa dei suoi uomini, lasciandola sotto il comando di Pedro Zabala e Ricardo Botet.

I sopravvissuti di Stargard saranno raggruppati a Scheune, a sud di Sttettin, dove originariamente facevano parte di una linea difensiva a nord di Berlino.

Vi rimasero per poco tempo, perché fu subito ordinato a tutti gli spagnoli della Divisione vallona di concentrarsi nelle vicinanze di Potsdam, cosa che avvenne all'inizio di marzo, mentre le unità tedesche del III Corpo d'Armata SS si ritiravano verso la capitale del Reich.

È possibile che alcuni spagnoli non si siano ritirati a Potsdam e abbiano continuato fino alla fine del conflitto con l'Unità vallone, dispersi tra le loro compagnie. Lo stesso Leon Degrelle, in un'intervista concessa nel 1969 al giornale madrileno "Arriba", ha affermato di aver inviato spagnoli fino alla fine della guerra, il che è forse vero, anche se non siamo riusciti a confermarlo con documenti o informazioni concrete dell'epoca.

Tra gli uomini che, dopo aver lasciato la "Wallonien", partirono per Potsdam c'era anche Ricardo Botet, e quando arrivarono a destinazione furono integrati in una nuova unità che, sotto il comando di Ezquerra, si stava formando lì con spagnoli arrivati da un posto o dall'altro. Ricardo Botet lo ha riportato in questa dichiarazione:

"Ricevemmo l'ordine di andare a Potsdam dove tutti gli spagnoli venivano raggruppati in un'unica unità, capitanata da Miguel Ezquerra Sánchez, e ci dispiaceva lasciare i nostri compagni delle SS-Wallonie con i quali avevamo combattuto e versato il nostro sangue per lo stesso ideale. Quando arrivammo a Potsdam fummo alloggiati in una scuola per orfani militari e lì trovammo un enorme spettacolo da circo, c'erano più sergenti che soldati, legionari litigiosi, persone di cattivo carattere, sprovveduti che non sapevano dove andare ed ex veterani della D. A. e di altre unità della Wehrmacht. Ricordo un legionario che era la scorta di Ezquerra, aveva il volto completamente tatuato e portava un'enorme cintura di Tercio con due pistole, una per lato. Anni dopo mi dissero che era morto sepolto tra le rovine di Berlino."

A Potsdam nacque l'Unità Ezquerra, che avrebbe difeso il centro della capitale del Reich insieme a un amalgama di difensori di molte nazionalità diverse contro il rullo russo che si stava già avvicinando alle porte della città.

A Ezquerra, dopo la convalescenza per le ferite riportate nella battaglia delle Ardenne, e a García Valdajos fu affidata la missione di raccogliere il maggior numero possibile di spagnoli, sottraendoli alle varie unità militari in cui potevano essere arruolati, reclutando spagnoli che lavoravano nelle industrie del Reich, o in generale qualsiasi spagnolo residente nel Reich che rispondesse a determinati requisiti fisici e di età. In questo caso, l'aiuto del generale Faupel ebbe un ruolo importante nel facilitare la creazione di questa nuova unità spagnola.

L'unità creata era completamente eterogenea, in quanto tra i suoi ranghi vi era un misto di ex legionari (veterani delle guerre d'Africa), veterani della guerra civile spagnola, della Divisione Blu e della Legione Blu; ex della divisione "Wallonie", così come operai che avevano lavorato nel Reich e che ora si trovavano nell'impossibilità di continuare il loro lavoro nelle industrie tedesche distrutte; membri spagnoli dell'Organizzazione Todt, falangisti reclutati da Madrid e spagnoli che per vari motivi erano imprigionati nelle carceri tedesche. Miguel Ezquerra ricevette l'ordine dall'alto comando tedesco di rintracciare gli spagnoli che potevano essere arruolati nella sua unità di combattimento in varie città e paesi tedeschi. A questo proposito, ebbe alcune tensioni con l'ambasciata spagnola, poiché quest'ultima, al meglio delle sue possibilità, cercò di rimpatriare gli spagnoli che si trovavano ancora nel Reich, anche se incoraggiare la creazione dell'unità di combattenti spagnoli delle SS non era nemmeno lontanamente nei pensieri del signor Rodríguez del Castillo (l'ultimo rappresentante dell'ambasciata spagnola a Berlino).

Infatti (come racconta Vadillo), a metà aprile, tra il 12 e il 16, Gonzalo Rodríguez del Castillo riuscì a far evacuare circa 200 lavoratori spagnoli in treno. Già il 14 l'Ambasciata di Spagna a Berlino era priva di elettricità (come molti altri edifici della città martoriata) e Rodríguez de Castillo trasferì i suoi compiti nell'edificio di proprietà della Falange in Berlinstrasse. Da lì fece gli ultimi appelli per l'evacuazione di tutti gli ispanici della Grande Berlino, utilizzando a questo scopo sia annunci radiofonici che note dell'Ambasciata sui giornali. Ma la situazione divenne estrema nella capitale del Reich e poco dopo, il 19, fu il corpo diplomatico spagnolo, con Rodríguez del Castillo, a dover fuggire da lì a tutta velocità. Quello stesso giorno, una piccola carovana di sei auto e alcune moto con bandiere e targhe del corpo diplomatico lasciò la capitale, imboccando una delle magnifiche autostrade della rete stradale del Reich, in direzione ovest e poi a nord-ovest verso Amburgo. Durante il viaggio si mescoleranno a migliaia di pendolari militari e civili (sia in fuga dai sovietici che in marcia per incontrarli) e saranno sottoposti a innumerevoli posti di blocco da parte di polizia, esercito, SS o altre forze di sicurezza. Il loro status di "legali" nel tentativo di sfuggire all'inferno che gran parte della Germania è diventata, grazie ai loro documenti, permette loro di andare avanti. Tuttavia, le difficoltà del viaggio si ripercuoteranno anche su due veicoli della carovana spagnola, che saranno abbandonati al loro destino lungo il percorso. Il 24 aprile, mentre gli spagnoli attraversano la città di Wusterhausen, vengono informati dalle forze di sicurezza tedesche della presenza di truppe russe a soli 20 chilometri dall'autostrada che stanno percorrendo, dove hanno preso la città di Neuruppin. Accelerano la marcia appena possibile, perché la loro cattura da parte dei sovietici, pur appartenendo al Corpo diplomatico, avrebbe un esito incerto e quasi certamente fatale. In due giorni, il 26 aprile, si trovano nella città di Lubecca, da dove "saltano" ad Amburgo e dopo due giorni salpano per la loro destinazione finale, Copenaghen. Dopo la resa tedesca nel territorio danese occupato, il 5 maggio, gli spagnoli guidati da Rodríguez del Castillo vissero giorni di incertezza, che terminarono quando, in piena estate (24 luglio), grazie alla mediazione delle truppe britanniche, furono imbarcati su un aereo della RAF che li portò a Londra, dove ebbe inizio la loro difficile e pericolosa fuga da un Reich tedesco che si stava sgretolando di minuto in minuto.

Tornando di nuovo indietro nel tempo, al marzo 1945, scopriamo che fu a Potsdam, nei pressi della capitale, che si formò l'unità spagnola che sarebbe passata alla storia come Unità Ezquerra, anche se il suo primo capo fu l'Obersturmführer Luis García Valdajos, che, come abbiamo detto, fu sempre scelto per compiti organizzativi per la sua vasta esperienza in questo campo, oltre che per la sua esperienza di combattimento. Fu lui stesso a proporre Miguel Ezquerra Sánchez, anch'egli con una vasta esperienza come ufficiale di prima linea. All'inizio dell'aprile 1945, l'unità che Ezquerra era riuscito a reclutare era grossomodo così distribuita:

Si basava sui sopravvissuti della 3/I/70 della "Wallonie" e su alcuni uomini provenienti da altre unità in cui alcuni spagnoli erano riusciti a "fuggire" (molti di loro erano appartenuti alla Divisione Blu o alla Legione Blu), così come studenti, lavoratori dell'Organizzazione Todt o alcuni fuorilegge della giustizia tedesca. Alla fine, l'Einheit Ezquerra (alcuni autori la chiamano Einsatzgruppe Ezquerra) consisteva in due compagnie che erano acquartierate a Potsdam e nelle quali furono riuniti gli ultimi volontari.

Vadillo, nel suo libro "Los irreductibles", menziona che l'Unterscharführer Ramón Baillo Fernández fu inviato da Miguel Ezquerra da Berlino per reclutare i volontari spagnoli dell'unità comandata da José Ortiz (già menzionata) nella città di Tolmazzo, vicino a Udine. Come si può vedere, non fu risparmiato alcuno sforzo per mettere in piedi quest'ultima unità spagnola, che presto sarebbe stata impegnata in combattimento.

Ezquerra cita nel suo libro che alcuni sopravvissuti delle divisioni SS
Le unità belghe e francesi furono integrate nella sua unità. Ma il fatto è che nella documentazione esistente delle unità francesi o vallone non c'è alcuna informazione che dimostri che ciò sia vero. È possibile che a un certo punto, durante le battaglie di Berlino, alcuni singoli uomini di queste unità siano finiti temporaneamen-

te sotto la "giurisdizione" dell'unità spagnola.

Per collocare questo centro di reclutamento e addestramento delle truppe spagnole a Potsdam, l'alto comando tedesco ha offerto come alloggio un'ex scuola per orfani militari, che era stata una scuola per ufficiali. Lì saranno rifornite di armi, soprattutto armi leggere, anche se questa fornitura di armi terminerà quando arriveranno a Berlino, dove saranno definitivamente riequipaggiate.

I giorni trascorsero con gli uomini sottoposti a un addestramento leggero, in teoria più per coloro che non avevano prestato servizio militare attivo negli ultimi tempi, come nel caso degli ex operai delle industrie del Reich. Lo stato d'animo prevalente, nonostante la complessità della situazione, era di attesa e di impazienza di iniziare a combattere i sovietici. Non per niente erano volontari, anche se è vero che alcuni erano più convinti di altri delle ragioni per cui erano lì. Nonostante la natura volontaria dell'unità, è possibile che alcuni uomini abbiano disertato durante questi giorni di addestramento, così come durante la stessa battaglia di Berlino. Perciò, anche se non ci sono cifre attendibili, è possibile che in totale ci siano stati fino a mezzo centinaio di disertori.

Questa nuova compagnia, diretta discendente della 101ª, viene nuovamente indicata come tale in vari studi e in altri come Unità Ezquerra. Questi resti della 101ª, dipendenti da Ezquerra, furono definitivamente integrati nella 11ª divisione panzergrenadier SS Freiwillingen "Nordland", quando il fronte era già in prossimità di Berlino.

Alla fine dei combattimenti alcuni volontari riuscirono a fuggire dalla capitale tedesca, mentre altri furono catturati dai sovietici, alcuni dei quali furono forse giustiziati tra le rovine della capitale tedesca. Gli ultimi prigionieri spagnoli in URSS tornarono in Spagna nel 1954.

Oltre agli spagnoli menzionati nelle formazioni SS, ci sono anche notizie di alcuni spagnoli in altre unità sotto la doppia runa. Si tratta dell'SS Polizei Freiwilligen Bataillon Bozen, dove si dice che si formassero tra i 20 e i 31 spagnoli, e della 1ª Compagnia della Brigata Dirlewanger con circa 6 spagnoli.

Come riferisce Sourd, un documento interno del Sonder Bataillon "Dirlewanger" delle SS datato 14 aprile 1944 elenca i nomi di sei spagnoli. È noto che almeno uno di loro, di nome Rodriguez, era stato trasferito a questa unità dal Comando SS di Praga. Un altro documento del 15 aprile 1944 mostra i "Dirlewanger" incorporati nel Kampfgruppe Anhalt delle SS per partecipare all'operazione "Frühlingfest" in Bielorussia sotto il comando dell'Obersturmbannführer Günther Anhalt. In questo gruppo di combattimento, al quale, secondo Sourd, parteciparono sei spagnoli, oltre ai "Dirlewanger" c'erano anche i reggimenti SS Polizei 2 e 24, oltre ad altre unità "minori". Poco altro si sa degli spagnoli di questa unità (di origine penitenziaria, in quanto le sue truppe comprendevano pericolosi criminali e delinquenti provenienti dalle carceri e dai campi di concentramento del Terzo Reich), anche se si presume che sarebbero rimasti in essa fino alla fine del conflitto (quelli che sopravvissero, ovviamente), anche se non ci sono dati al riguardo, Non ci sono dati in merito), e potrebbero aver partecipato alla repressione della rivolta di Varsavia, dove questa unità non si è esattamente coperta di gloria, essendosi resa colpevole di numerose barbarie e atrocità contro la popolazione polacca e persino contro i loro compagni tedeschi di altre unità che cercavano di impedire le loro atrocità. A favore di ciò vi sono le informazioni fornite da Sourd nel suo libro Croisés d'un ideal, che fa riferimento alla testimonianza di un veterano della Divisione Volontaria Spagnola di nome Jorge Oriente, che aveva incontrato un veterano spagnolo della "Dirlewanger" di cui non ricordava il nome. Quest'ultimo gli raccontò del suo viaggio in Germania (dopo aver prestato servizio nella Divisione Volontaria Spagnola), dove arrivò dopo aver attraversato clandestinamente il confine franco-spagnolo, finendo a Stablack dove, insieme a una dozzina di altri spagnoli inviati lì, i suoi precedenti gradi non furono riconosciuti. L'insoddisfazione di questo gruppo li portò a essere deferiti alla corte marziale e inviati a un'unità disciplinare, che non era altro che il "Dirlewanger". Questa unità era composta da individui di diversa provenienza, Waffen SS, Heer o anche civili imprigionati per vari reati. Tutti gli spagnoli (almeno uno di loro aveva precedenti di polizia, cosa molto frequente tra i membri di questa unità, quindi è possibile che gli altri cinque avessero qualche tipo di reato sulla fedina penale, anche se non ci sono prove in merito) rimasero nella stessa sezione e parteciparono ad azioni anti-partigiane in Bielorussia (quasi certamente la già citata operazione "Frühlingfest"), che ebbero luogo tra il maggio e il giugno 1944. L'anonimo veterano ha anche raccontato a Giorgio dell'Est di aver preso parte ai combattimenti per sedare l'insurrezione popolare di Varsavia nell'agosto 1944. In seguito, già in piena ritirata contro il "rullo" sovietico, raggiunsero la Slovacchia. Lì contattò il consolato spagnolo e riuscì infine a ottenere una falsa documentazione come lavoratore spagnolo con la quale riuscì a raggiungere la Spagna. Insieme a questo veterano

"Dirlewanger", almeno altri tre spagnoli che avevano prestato servizio in quell'unità riuscirono a tornare in Spagna qualche anno dopo la fine del conflitto mondiale in Europa).

Per quanto riguarda gli uomini integrati nel "Bozen", l'ipotesi poco veritiera degli spagnoli integrati nell'unità di polizia, si baserebbe su un'origine "diffusa" della provenienza degli spagnoli, potendo o provenire da "sbandati" di qualche unità spagnola (si parla della Legione Blu) o d'altra parte potrebbero aver avuto origine dagli uomini della 24 Waffen Gebirgs Division "Karstjäger". Poiché sia il 1 Btl./SS-Pol.Rgt. "Bozen" che i "Karstjäger" si trovavano nella stessa area di schieramento dei "Karstjäger" alla fine di aprile 1945, la zona di Tarvisio (in tedesco Tarvis, situata in provincia di Udine nella regione Friuli-Venezia Giulia). Dei circa 100 uomini dell'unità di montagna, una ventina o trentuno potrebbero essere stati autorizzati a entrare nella Polizei, venendo impiegati in Italia fino alla fine della guerra per combattere i partigiani. Esistono prove documentali che elencano 6 volontari spagnoli morti nel nord Italia mentre prestavano servizio nel Reggimento SS Polizei "Bozen", forse nei mesi di marzo e aprile 1945. Secondo gli archivi tedeschi del WAST (Ufficio tedesco dei cimiteri di guerra) almeno 3 di loro riposano ancora nel cimitero di Costermano. Secondo Sourd, nel suo libro Croisés d'un ideal, esiste un documento datato 11 maggio 1945, che menziona l'esistenza di 25 spagnoli appartenenti alla SS Polizei Freiwilligen Bataillon Bozen (a quanto pare, dopo la capitolazione tedesca in Italia settentrionale il 2 maggio, questi uomini fuggirono dalla città di Bolzano nel tentativo di evitare la cattura).

Se è vero che le unità di cui sopra erano per lo più spagnole sotto le bandiere del Terzo Reich, ci sono anche riferimenti (Sourd) a spagnoli nella Kriegsmarine (Deposito Navale 28 a Sennheim), in unità di artiglieria navale da terra in Estonia, nell'Organizzazione Todt, nella NSKK, La Legione "Speer" o addirittura in un reggimento di artiglieria della 17a Luftwaffenfelddivision durante l'estate del 1944 sulla costa della Normandia (anche se è vero che non ci sono documenti noti su quest'ultimo e nel libro di Antonio Muñoz, "I Granatieri di Göring", non c'è alcun riferimento all'esistenza di questi spagnoli; anche se potrebbe trattarsi di altri spagnoli incorporati individualmente nell'unità).

Ci saranno stati anche diversi uomini con doppia nazionalità (spagnola e tedesca) che, essendo considerati volksdeutschen, avrebbero potuto far parte di qualsiasi altra formazione tedesca. Si ha notizia di un certo Federico Lux, che ha servito nella Divisione "Nordland", morto sul fronte di Narva (Narwa in tedesco). Secondo Gonzalez, si ritiene anche possibile che uno spagnolo appartenente alla "Wallonien", quando l'unità vallone si ritirò di fronte alla spinta sovietica, finì nell'area di ubicazione della 10. SS-Panzer Division "Frundsberg" e si unì a tale unità. Si sa che solo uno spagnolo si è unito alla "Frundsberg", Enrique Vázquez Mallo.

Il passaggio dalla Wehrmacht alle SS non era automatico e nemmeno specificamente organizzato in precedenza. Furono gli eventi a far sì che gli spagnoli addestrati nello Stablack Süd della Wehrmacht finissero in molti casi nelle Waffen SS. Si è già detto che tra le vicissitudini subite dalla 102ª, alcuni degli spagnoli che facevano parte dei suoi quadri furono trasferiti alla 24ª Waffen SS Gebirgs Division "Karstjäger" nell'ottobre 1944; ma il passo definitivo avvenne quando molti degli spagnoli accampati a Stockerau e Hollabrunn si "autotrasferirono" alla 28ª SS Freiwilligen Panzer-Grenadier Division "Wallonien". Non risulta che la 101ª e la 102ª siano state mantenute quando sono state integrate nell'unità vallone. Per questo motivo non ci sono prove dell'esistenza della talvolta citata 101ª Spanische-Freiwilligen Kompanie der SS o della 102ª Spanische-Freiwilligen Kompanie der SS. Fu con la formazione dell'Unità Ezquerra che vennero formate almeno due compagnie di uomini, nominalmente aggregate alla "Nordland"; e queste due compagnie potrebbero aver ripreso il nome che avevano già portato nel Tirolo Settentrionale come 101ª e 102ª compagnia, ma in questo caso appartenenti alle SS, anche se non ci sono prove attendibili che confermino nemmeno questo, per cui si tratterebbe solo di speculazioni al riguardo.

Come valutazione finale dell'esistenza di spagnoli in varie unità tedesche a partire dal 1944, dobbiamo considerare che né il numero di uomini, né la loro dispersione, né ovviamente la situazione bellica e i passi da gigante verso la sconfitta del Reich tedesco, hanno fatto sì che il loro contributo complessivo nella Seconda Guerra Mondiale fosse particolarmente significativo. È molto difficile stabilire una cifra che rappresenti realmente il numero di volontari spagnoli che, dopo la partenza della Divisione e successivamente della Legione Spagnola di Volontari, si unirono alle Waffen SS, alle sue forze di sicurezza, alla Wehrmacht e ad altre formazioni, anche se potrebbe aggirarsi intorno ai 1000 uomini, come registrato nel microfilm del Berlin Document Center, T354, A3343, U.S. National Archives.

Al di là del numero dei volontari, e tenendo presente il punto di vista spagnolo e a prescindere dalle connotazioni politiche, possiamo valutarlo come un contributo degno ed eroico in molti casi agli annali della storia

militare spagnola. Sapevano credere, combattere e morire, in molti casi lasciando sventolare alta la bandiera del loro Paese. Così come ci sono stati spagnoli dalla parte degli Alleati occidentali o dei sovietici che hanno combattuto per i loro ideali, è giusto riconoscere che questi uomini meritano un posto di rilievo (nonostante il numero esiguo di uomini citati) nella storia militare spagnola del XX secolo.
Gli eventi che riportiamo coprono il periodo dal 20 aprile al 2 maggio 1945, e abbiamo molte informazioni sui nostri uomini, tranne che per il periodo dal 22 al 26 aprile, che corrisponde ai primi giorni della presenza spagnola nella rete difensiva di Berlino.

Venerdì 20 aprile:

Dopo essere stati alloggiati a Potsdam, non lontano dalla caserma del 9° reggimento di fanteria, gli spagnoli si trasferiscono a Berlino su ordine dell'Obergruppenführer Gottlob Berger, capo del reclutamento delle Waffen SS.
I soldati furono informati degli ordini ricevuti, lasciando a ciascuno di loro la decisione personale di portare a termine la missione. Tutti si erano offerti volontari e non c'erano dubbi, se non su quando e come sarebbero stati trasferiti nella capitale. Erano volontari tra i volontari, in gran parte con una vasta esperienza di combattimento.
Il gruppo di spagnoli ammontava a 2-3 compagnie (più probabilmente 2 che 3, queste ultime forse in formazione con gli uomini che arrivavano alle strutture dell'Unità).
Il comandante (sturmbannführer), secondo un'altra fonte, hauptsturmführer Ezquerra, dopo aver conferito a Berlino con Ottlob, parte per Potsdam con l'intenzione di informare i suoi uomini. Inizia con i suoi sottufficiali: Pedro Zabala Urrutia, Ricardo Botet Moro, Enrique Lafuente Barros, Cipriano Sastre Fraile e Lorenzo Ocañas Serrano. Questi sono i sottufficiali che componevano il contingente spagnolo.

Sabato 21 aprile:

La mattina stessa le truppe spagnole vennero passate in rassegna: secondo "Los Irreductibles" di F. Vadillo, il risultato fu di 359 uomini, anche se, ovviamente, la cifra è del tutto opinabile. Le truppe furono informate dei nuovi ordini e chi non voleva partecipare alla difficile impresa (in ogni caso una difesa fino all'ultimo uomo nelle strade di Berlino) fu autorizzato a tornare in Spagna (se poteva farcela da solo) con denaro e un salvacondotto per la zona ancora occupata dai tedeschi.
Dopo l'arringa del maggiore Ezquerra, che ha messo in evidenza le cause per cui molti avevano combattuto fin dai tempi della Divisione Blu, l'antibolscevismo, la difesa dell'Occidente contro le orde sovietiche, la fedeltà al popolo tedesco in quella terribile guerra. Il libro mostra di cosa sono capaci i soldati spagnoli e come sanno combattere sia quando splende la luce della vittoria sia quando si profila all'orizzonte l'oscurità della sconfitta.
Dopo questa arringa emotiva, circa 34 uomini decisero di non continuare la loro avventura per le strade di Berlino, preferendo l'avventura non meno complicata di cercare di tornare in Spagna.
Gli uomini che hanno deciso di rimanere viaggeranno fino al centro di Berlino con la U-Bahn (ferrovia sotterranea), ancora in funzione.
Dopo l'imbarco delle truppe sulla ferrovia, il viaggio inizia con diverse fermate nelle stazioni di Krumme Lanke, Toms Hütte, Helene Heim, Dahlen o Hohenzollern sulla linea 3 della U-Bahn; segue il percorso sulla linea 1 della U-Bahn attraverso stazioni come Kurfürsten o Gleisdreieck e termina in prossimità della stazione di Anhalter. Gli spagnoli scenderanno dalla U-Bahn possibilmente nella stazione più vicina alla loro destinazione, che corrisponde a Gleisdreieck (che la separa a poche decine di metri dalla stazione di Anhalter).
È in questa stazione che, in seguito agli ordini ricevuti da Ezquerra, la compagnia guidata da Pedro Zabala si separò dal resto degli uomini con l'ordine di raggiungere le forze tedesche che stavano cercando di raggrupparsi nella ridotta alpina; Secondo la versione di Ezquerra, Martín de Arrizubieta faceva parte di questo gruppo (alcune fonti indicano che la separazione della compagnia di Zabala dal resto degli uomini dell'unità di Ezquerra potrebbe essere avvenuta il 18 e che essi avrebbero raggiunto la loro destinazione al campo Rheinigs nelle Alpi il 29 aprile). Arrivata alla "fortezza alpina", la compagnia di Zabala constatò che non aveva più senso continuare a combattere e il 30 aprile ricevette l'ordine di dirigersi verso l'Italia per cercare di tornare

in Spagna.

Dopo la partenza dei 71 uomini della compagnia dell'SS-Obersturmführer Pedro Zabala, le truppe spagnole si riducono a due compagnie. Per quanto riguarda i due gruppi, uno rimarrà sotto il comando dello stesso Ezquerra e l'altro agli ordini del guardiamarina Ricardo Botet Moro. Quest'ultimo gruppo è stato separato dal primo, perdendo i contatti con esso durante le numerose schermaglie che si sono verificate all'interno della capitale berlinese. Ciò significa che il numero totale di uomini che componevano l'Einheit Ezquerra nella difesa di Berlino era di circa 130 uomini (ci sono fonti che riducono questo numero a poco meno di un centinaio, anche se è molto difficile corroborare entrambe le versioni, anche se ci dà un'idea del piccolo numero di spagnoli che hanno preso parte ai combattimenti per la capitale del Reich). A questi va aggiunto un numero variabile di uomini che, in un modo o nell'altro, furono temporaneamente sotto il comando dell'Unità Ezquerra. Ezquerra, nel suo libro, riferisce che circa tre dozzine di belgi appartenenti alla "Wallonien" si unirono alla sua forza combattente; anche se, in assenza di qualsiasi riferimento a questo fatto da qualsiasi altra fonte (ben documentato nel caso della "Wallonien"), è piuttosto dubbio che si sia verificato.

Uscendo dalla stazione e raggiungendo la superficie, i nostri uomini poterono vedere lo stato pietoso della capitale: edifici anneriti e in gran parte rovinati, alcuni dei quali ancora fumanti, veicoli distrutti, detriti, barricate. In una parola, era un inferno. E il peggio doveva ancora venire.

Una volta costituiti, e dopo la partenza di Botet, gli uomini di Ezquerra furono ospitati in un rifugio di emergenza. Questo si trovava al piano terra di un edificio semidiroccato, in locali che in tempi migliori erano stati un negozio di scarpe. Era vicino alla Cancelleria e alla zona dei ministeri.

È qui che Ezquerra racconta "l'incorporazione nel gruppo di 17 francesi in uniforme della milizia di Doriot, oltre a 4 belgi della legione SS "Wallonie"". Secondo Ezquerra, erano tutti inclusi nell'unità, ma distribuiti tra i soldati spagnoli e non come unità indipendenti. Questo fatto è più che dubbio, poiché non ci sono informazioni (a parte la versione di Ezquerra) che ci facciano pensare che questa informazione sia vera. Anche se è molto probabile che, nella foga dei combattimenti nella capitale tedesca, in momenti specifici, uomini aggregati ad altre unità, che potevano benissimo includere francesi o belgi, siano stati temporaneamente posti sotto il comando dell'unità spagnola.

Quando arrivarono a Berlino, poiché non avevano armi sufficienti, né adatte alla missione che li attendeva, furono dotati di una notevole quantità di armamenti. Tra questi vi erano le mitragliatrici MP40 e MP44, oltre ai temuti panzerfaust, pistole, bombe a mano, MG42, ecc. Naturalmente, erano anche forniti di munizioni in abbondanza per le varie armi.

Da domenica 22 a giovedì 26:

Durante questo periodo, i dati o i rapporti che indicano le "attività" svolte dagli uomini dell'Unità spagnola sono praticamente assenti.

L'Armata Rossa chiude sempre più l'anello che avrebbe strangolato Berlino, riuscendoci quasi interamente il 24, ma solo a costo di una dura punizione da parte dei difensori della capitale.

Il 23 ricevono la notizia che i russi sono entrati a Potsdam, dove sono ancora alloggiati circa mezzo centinaio di spagnoli al comando di un sergente di nome Cerezo. Sebbene combattano con estremo coraggio, anche nel corpo a corpo, la maggior parte di loro perisce. Sembra che solo Cerezo e pochi altri uomini siano riusciti a sopravvivere e a sfondare le linee russe. Ma le tracce di questi uomini si perdono nel vortice degli ultimi giorni del Reich. Questa notizia non fa che aumentare il desiderio di Ezquerra e dei suoi uomini di affrontare i sovietici.

Venerdì 27 aprile:

Le truppe sovietiche avanzano verso Potsdamer Platz e Alexanderplatz. Ezquerra combatterà per la prima, assediata da un enorme numero di granate, truppe di fanteria, veicoli corazzati e artiglieria di ogni tipo, compresi i temuti organi di Stalin.

Dopo aver trascorso una giornata lì, lasciano il vecchio negozio di scarpe dopo aver ricevuto l'ordine da un tenente colonnello dell'aviazione che si è presentato lì di trasferirsi nella loro nuova sede. Questo si trova in una caserma della polizia militare (il Servizio di Sicurezza del Reich, RSD o Reichssicherheitsdienst), molto vicina ai loro precedenti alloggi, che erano molto più adatti ad ospitare le truppe. Vi era ospitato anche un battaglione di SS.

Infine, viene assegnata loro l'area in cui dovranno posizionare i mattoni nella struttura difensiva della città. Si tratta del secondo anello difensivo dei tre esistenti. Quello tra la cerchia dei sobborghi e la Zitadelle (cittadella).

La loro prima missione è alle porte, quindi gli uomini si riposano e preparano le armi. Sanno che tra non molto alcuni di loro saranno caduti, ma, nonostante ciò, la loro determinazione a fare la loro parte nella difesa della capitale del Reich è visibile nella fermezza del loro sguardo e nell'impellente desiderio di affrontare il nemico il prima possibile.

Nella caserma dove erano alloggiate le truppe spagnole arrivò un collegamento con l'ordine di presentarsi al maggiore Ezquerra, per dargli l'ordine di fare rapporto al capo del settore in cui si trovavano. Si trattava di un tenente colonnello del Genio, il cui staff si trovava in una piazza vicina che, insieme agli edifici circostanti, era sottoposta a una continua raffica di granate russe. Il capo, ignorando l'intenso fuoco nemico, spiegò nei dettagli a Ezquerra la missione che sarebbe stata affidata alle truppe spagnole, che sarebbe consistita in respingere l'avanzata sovietica nei pressi dell'area in cui si trova la Moritz Platz.

Una volta ricevuti gli ordini, Ezquerra li passò ai suoi uomini, che li accolsero con grida e applausi, perché finalmente potevano scaricare tutta la tensione che avevano accumulato da tempo. Si sarebbero trovati ancora una volta faccia a faccia con i loro vecchi nemici, i sovietici.

Ezquerra diede l'ordine di marcia alla 1ª Compagnia, comandata dal sergente (ex guardiamarina Ocañas, anche se secondo "Io, morto in Russia" avrebbe avuto il grado di tenente delle SS). Avanzano dall'area del Ministero dell'Aviazione, riparandosi dai muri degli edifici fatiscenti che costeggiano le strade e da tutto ciò che può fornire copertura dal fuoco russo. La distanza da Moritz Platz era di circa due chilometri in direzione sud-est; quindi, optarono per il percorso più rapido, come richiedeva l'urgenza della situazione. Questa consisteva nel passare dalla Wilhelmstrasse alla Stadtmittestrasse e poi tagliare per le strade più strette fino a raggiungere la Oranienstrasse, all'estremità orientale della quale si trova la Platz.

Si fanno strada tra le macerie che ricoprono le strade del centro di Berlino e impiegano circa due ore per raggiungere la zona di Moritz Platz. Ma nella zona si sentono già i rumori di pesanti combattimenti tra le forze tedesche e le truppe sovietiche corazzate e di fanteria.

Lì gli spagnoli possono vedere come i ragazzi della Gioventù hitleriana, che difendono la stazione della metropolitana, si danno battaglia. Ezquerra e i suoi uomini sono rimasti stupiti nel vedere come dei semplici scolari, armati principalmente di armi anticarro, abbiano infastidito gli invasori e siano riusciti a trasformare diversi T-34 in ferraglia e falò. Il loro atteggiamento accresce ancora di più l'euforia degli spagnoli: se dei ragazzini riescono a tenere le posizioni, cosa non possono fare loro. Molti dei nostri uomini hanno alle spalle diversi anni di combattimento.

Alla fine della strada c'era la piccola Moritz Platz, attraverso la quale i mezzi corazzati sovietici stavano avanzando sotto la copertura della fanteria.

A sinistra delle posizioni spagnole, le truppe tedesche si stavano rifugiando in alcune rovine. Queste ultime, ignare della presenza degli uomini di Ezquerra, spararono contro di loro, facendoli cadere a terra e rispondendo al fuoco amico. Quando i due gruppi si riconobbero finalmente come alleati e appartenenti alla stessa parte, gli spari cessarono. Il motivo della confusione fu che i tedeschi sentirono voci in una lingua sconosciuta e li scambiarono per truppe russe, causando la morte di tre uomini dell'Unità e il ferimento di altri due.

Dopo questo evento, continuarono ad avanzare fino al contatto con il nemico, prendendo d'assalto le prime barricate in cui i russi si erano rifugiati, mentre il fuoco continuo dei carri armati risuonava su tutta l'area contesa.

Lì attendono la nuova orda di uomini e carri armati di Stalin che si avvicina da sud della piazza. Accucciati e in posizione difensiva, aspettano l'ordine del loro comandante per scatenare tutta la furia delle loro armi sui sovietici. I sovietici avanzano con cautela, anche se non possono evitare di cadere in continue imboscate. Gli spagnoli seguono gli ordini di Ezquerra. I colpi cadono da tutte le parti sui fanti russi, che si riparano e si ritirano, lasciando il campo libero ai cacciatori di carri armati, che fanno bella mostra di sé 4 o 5 degli immensi IS-2. Inevitabilmente ci sono delle perdite tra gli uomini dell'Einheit, ma sono riusciti a fermare l'avanzata e a far ritirare i russi.

Dopo questo scontro, gli uomini, su ordine di Ezquerra, si ritirarono leggermente per rafforzare le loro posizioni ed evacuare i feriti. Durante lo scontro erano stati rinforzati dall'aggiunta di truppe lettoni alla loro unità, e forse anche da qualche altro soldato "randagio" che si era temporaneamente aggregato all'unità. Ma i russi tornano alla carica in meno di un quarto d'ora e si scatena di nuovo l'inferno. Ancora una volta i difensori riescono ad imporre un pesante tributo alla corazzatura sovietica, che è indifesa quando non è accompagnata da fanti che respingono gli uomini accovacciati che si avvicinano con le loro armi anticarro da qualsiasi cumulo di macerie, da spazi vuoti negli edifici, da finestre, da porte e talvolta anche a torso nudo. Ci furono altre perdite, questa volta di almeno 6 uomini, ma la punta di diamante dell'avanzata sovietica fu nuovamente respinta.

Sono passate diverse ore da quando sono arrivati in piazza e hanno già potuto constatare di persona la durezza dei combattimenti contro l'enorme e inesauribile esercito russo, che attacca di continuo, senza che le sue truppe abbiano mai fine. Tutti i difensori sono esausti e, una volta stabilizzata l'area, saranno sostituiti dalle SS tedesche.

Questo fu il primo contatto diretto con il nemico russo per le strade di Berlino; solo un prologo di quello che sarebbe stato un andare e venire da un'area o da un'altra che era in pericolo. Questo fu il primo contatto diretto con il nemico russo nelle strade di Berlino, solo un prologo a quella che sarebbe diventata un'unità antincendio che avrebbe cercato di fermare il fuoco ovunque fosse scoppiato.

Tornano nelle vicinanze del ministero dell'Aeronautica e si preparano a recuperare le forze dopo gli estenuanti scontri in cui sono stati impegnati. Ma la situazione nel settore di Zitadelle si deteriora ogni secondo che passa. C'era bisogno di uomini in ognuno dei varchi che i russi stavano creando nella rete difensiva e, tra le altre truppe veterane, furono chiamati ancora una volta gli spagnoli. Il loro nuovo compito era quello di cercare di recuperare il ponte situato accanto alla Belle Alliance Platz sul canale della Landwehr, che era stato assaltato dai russi. La sua perdita significherà per le truppe sovietiche un percorso netto di ostacoli naturali da sud, lasciando sul loro cammino i principali edifici ufficiali di Berlino, con a capo la Nuova Cancelleria nel cui bunker Hitler dirige, o almeno cerca di farlo, la difesa della capitale.

Avanzano lungo Leipziger Strasse in direzione di Leipziger Platz e da lì raggiungono Wilhelmstrasse, che è sotto il fuoco dell'artiglieria pesante. A volte diventa impossibile percorrere la strada, quindi gli uomini devono avanzare attraverso gli edifici, facendo buchi nei muri tra di loro e sfruttando le cantine degli edifici per avanzare verso il loro obiettivo. Poiché diventava sempre più difficile avanzare anche attraverso gli edifici, decisero di dirigersi verso la stazione di Anhalter. Migliaia di persone si rifugiarono lì dall'onda anomala che inondava la città e guardarono questi soldati che, con una bandiera rosso-giallo-rossa in braccio, andavano coraggiosamente incontro al nemico. Anche se tutto sembrava perduto, la disponibilità e il buon umore degli spagnoli permisero a molti dei rifugiati di tirare un sospiro di sollievo, anche se di breve durata.

Ezquerra intende raggiungere le vicinanze della Belle Alliance Platz attraverso i tunnel sotterranei che partono dalla stazione di Anhalter. La maggior parte dei tunnel è completamente al buio, quindi avanzerà alla luce delle poche torce portate dagli ufficiali e in file di due, per non perdere il contatto con gli altri.

I ragazzi riemergono attraverso la U-Bahn Möckernbrucke, il che significa che dovranno percorrere più di un chilometro in direzione est per raggiungere la loro meta.

La Belle Alliance Platz è un crocevia che costeggia il canale della Landwehr a sud, attraversato da un ponte, dove stanno emergendo ancora una volta gli avamposti sovietici. L'intera area è sottoposta a un bombardamento continuo, con cannoni, mortai di grosso calibro e i temuti katiuska che demoliscono tutto ciò che incontrano. Ma i difensori, ben riparati, resistono alla pesante spinta russa. Dalle varie strade che portano alla piazza si riversano sempre più truppe, da nord i tedeschi e da sud i sovietici. Il frastuono della battaglia si sente da dove gli spagnoli si avvicinano cautamente ma rapidamente alla piazza. Avanzano coperti dai muri degli edifici della strada che corre parallela al canale, approfittando della moltitudine di detriti che vi si trovano per difendersi dal fuoco nemico che infuria dall'altra parte. In pochi minuti arrivano a destinazione, dove il fuoco è ora più intenso, poiché i sovietici sono solo poche centinaia di metri più a sud. I nostri uomini si uniscono alla difesa dell'estremità settentrionale del ponte, ancora in mano tedesca. Qui hanno di nuovo la possibilità di mettere alla prova il coraggio della Gioventù hitleriana, responsabile della difesa di molti ponti di Berlino. Fanteria e carri armati avanzano attraverso il ponte, sparando incessantemente. Rispondono al fuoco, non così pesante come quello sovietico, ma molto preciso, in quanto concentrato nell'area del ponte. Almeno una mezza dozzina di carri armati riescono a rivolgere i loro cannoni verso la Wilhelmstrasse.

Gli spagnoli sul lato sinistro dell'inizio del ponte, protetti dai resti degli edifici, passano all'attacco. Al culmine della battaglia, per caso, si imbatterono in un altro spagnolo in un reggimento tedesco, che alla fine sarebbe stato aggregato all'Einheit. Si trattava di Ismael Múgica, che sarebbe diventato uno degli uomini più fidati di Ezquerra, sia per la sua vasta conoscenza dei combattimenti di strada che della lingua tedesca, come lo stesso Ezquerra menziona nel suo racconto.

Tre dei carri armati che avanzavano puntarono sulle loro posizioni, senza smettere di sparare. Un trio di uomini, tra cui Sastre, Vázquez e Múgica, avanzò vicino alle mura degli edifici. Dietro di loro avanzò un altro gruppo di uomini, tra cui Ezquerra. In questo scambio di fuoco e mentre si avvicinava ai carri armati con il suo panzerfaust, Vázquez fu ferito. I suoi compagni riuscirono a salvarlo, mettendo a rischio la propria vita per salvare il compagno sotto il continuo fuoco delle armi automatiche russe.

Il risultato finale fu che, grazie all'uso dei panzerfaust, uno dei proiettili colpì il primo carro armato, provocando un'esplosione che distrusse il carro e i suoi occupanti. Lo stesso percorso fu seguito da altri tre carri armati russi, anch'essi messi fuori uso dal potente effetto dei panzerfaust. I carri armati rimanenti, trovandosi senza supporto di fanteria, optarono per una ritirata strategica.

I russi tornano presto all'attacco e, con truppe rinnovate, riescono a superare il ponte con i loro avamposti corazzati. Alcune delle prime case sulla riva nord vengono occupate dai russi di fronte alla loro potente spinta, permettendo loro di prendere posizione e di fortificarsi al loro interno.

Gli uomini di Ezquerra, insieme ad altri gruppi di soldati tedeschi, si assumono il difficile compito di sloggiarli. In questo scontro, la caviglia di Ezquerra viene danneggiata quando cade attraverso un buco in una cantina, che presenta braci ardenti a causa della recente esplosione di una granata. Dopo essere stato tirato fuori con l'aiuto dei suoi compagni, viene evacuato per essere curato adeguatamente, per quanto le circostanze lo permettano, nelle strutture sanitarie dell'Hotel Excelsior. In assenza di Ezquerrra, il tenente Múgica prese il comando dell'unità spagnola.

Nel frattempo, il resto degli uomini dell'unità manterrà le proprie posizioni, poiché in alcune zone il combattimento ravvicinato è in corso da tempo. Ma centinaia e centinaia di russi continuano la loro avanzata nonostante le numerose perdite subite, che vengono compensate da un numero sempre maggiore di rinforzi. Ma la resistenza tedesca è fanatica e permette di parare questo nuovo colpo, anche se dopo aver perso un buon numero di metri in ogni contrattacco russo. A causa di questo tira e molla sulla linea del fronte, un piccolo numero di truppe tedesche viene lasciato dietro le linee nemiche, tra cui spagnoli e alcuni ragazzi della Gioventù hitleriana. Dovranno ora far valere le loro armi per evitare di cadere vittime del fuoco nemico sempre più intenso o di essere catturati dalle truppe russe sempre più numerose. Dopo intensi combattimenti corpo a corpo, e con un po' di fortuna, riescono a tornare in territorio tedesco.

Infine, dopo essere usciti dalla trappola per topi, secondo Ezquerra, contarono il numero di vittime, sia morti che dispersi, tra cui i coraggiosi sergenti Carlos Ramos Valdevalles, Eugenio Álvarez Valdecasas, César García Pesquera, Luis Ángel Casado Aspe e Miguel Ramírez Jarama.

Dopodiché i sopravvissuti, esausti per l'intera giornata di combattimenti e per il continuo stress di essere sottoposti al fuoco sovietico ininterrotto, che rendeva il cielo di Berlino scuro e fumoso, a volte quasi irrespirabile, fecero ritorno alle loro caserme.

Ancora una volta, le truppe spagnole saranno trasferite. D'ora in poi risiederanno nei locali del Ministero dell'Aeronautica. Si tratta di un grande edificio in stile prussiano all'angolo tra le vie Leipzig e Wilhelm, vicino a Leipziger Platz, un tempo vivace zona sociale, ma ora terra desolata dai continui bombardamenti, con molti edifici semidistrutti e macerie ovunque. Per evitare che la popolazione civile sia esposta ai rigori della guerra, si sta cercando di sistemarla in diversi rifugi, tra cui il grande rifugio del Ministero, che può ospitare migliaia e migliaia di persone.

Sabato 28 aprile:

I combattimenti diventano sempre più costanti ogni giorno che passa e gli intervalli sono sempre più brevi. La stanchezza sta logorando i combattenti, anche se i difensori sono i perdenti, dato che non ci sono staffette per loro, come per le truppe dell'Armata Rossa. Sebbene i combattimenti siano stati intensi nei giorni precedenti, la battaglia raggiungerà il suo apice questa mattina e rimarrà a questo livello fino alla fine.

Le sparute truppe spagnole, dopo tante peripezie, si trovano sull'Anhalterplatz (dove combattono fianco a fianco con altri uomini, tra cui le truppe decimate delle divisioni Müncheberg e Nordland), nella zona dell'Alexanderplatz, nelle stazioni Anhalter e Potsdam, nella Herman Göring strasse. In tutti questi luoghi resistono con le loro armi automatiche e i panzerfaust.

Non c'è un ordine, semplicemente si combatte e si resiste in un punto, finché non si viene definitivamente sloggiati dall'incessante fuoco di cannoni e mortai che schiaccia letteralmente le posizioni dei difensori. E ancora, all'angolo successivo, la stessa operazione, aspettando i corazzati nemici su qualche muro in rovina senza sparare fino all'ultimo secondo. Ma con sempre meno spazio in cui ritirarsi.

Quando era possibile, i difensori della città utilizzavano gli scarsi veicoli blindati tedeschi per spostarsi da una parte all'altra. A questo proposito, abbiamo questa impressione lasciata da un SS-Sturmann spagnolo di nome Horacio E.:

"Ogni volta che potevamo, salivamo sui carri armati per non dover camminare, eravamo molto vicini e ci tenevamo stretti l'uno all'altro per non cadere sulle buche. Ricordo un ragazzo che chiamavamo "l'asturiano" che aveva un grande stemma spagnolo cucito sul braccio e che, in una di quelle buche, scivolò sul lato destro del carro armato con la sfortuna di rimanere impigliato nelle catene, urlava terribilmente mentre la gamba gli si staccava dal corpo all'altezza dell'inguine, ci vollero solo pochi secondi, ma mi sembrarono eterni, non potemmo fare nulla per lui, morì dissanguato poco dopo".

I russi avanzarono inesorabilmente, arrivando con i loro veicoli blindati accompagnati da truppe di fanteria lungo la Wilhelmstrasse, fino alle vicinanze dello stesso Ministero dell'Aria.

In quest'area, i difensori sono ammassati insieme alle truppe in ritirata da vari punti del fronte. Un fronte che si trova a pochi metri davanti e dietro di loro. Alla fine della giornata, numerosi crateri di bombe rendono impraticabili le strade della Friedrichstrasse.

All'alba, il suo sergente di collegamento e l'interprete Einheit informarono Ezquerra della notizia. Gli uomini furono sollevati dalle truppe SS dalla piazza dove il giorno prima avevano attaccato gli avamposti sovietici. Poi fu ordinato di nuovo di concentrarsi nelle cantine del Ministero dell'Aria.

Una volta che Ezquerra si fu ricongiunto ai suoi uomini e dopo un breve riposo, essi e un battaglione lettone (al comando del maggiore Willi, anche se secondo il libro "David against Goliath: Latvian Volunteers in the Waffen SS (1941-1945)" di Carlos Caballero corrisponderebbe al nome di Wallis) ebbero la missione di fermare le avanzate sovietiche ovunque si presentassero.

La loro posizione era vicina all'elegante Hotel Excelsior, tra il Ministero dell'Esercito e la Cancelleria, vicino a Potsdamer Platz e agli altri ministeri. L'Hotel era collegato con la metropolitana alla stazione di Potsdamer Platz, che in questa situazione favoriva gli spostamenti da una parte all'altra, evitando il continuo fuoco nemico che le strade di Berlino sopportavano. L'aspetto di Potsdamer Platz era desolante, disseminato di veicoli distrutti, corpi mutilati e feriti che cercavano riparo nella vicina stazione.

Il comandante di settore, in contatto telefonico con il maggiore Willi, ordinò agli uomini di Ezquerra di spostarsi nella zona dell'Hotel Kaiserhof. Poiché la distanza era piuttosto breve (poche centinaia di metri), nonostante il fuoco pesante che cadeva sulla Zitadelle, non fu un compito difficile. Una volta giunti sul posto, gli uomini presero posizione in tutta l'area dell'hotel e all'interno dell'albergo stesso.

Ezquerra distribuì gli uomini nei punti strategici dell'albergo, in attesa dell'arrivo anticipato degli avamposti russi provenienti da sud-est. L'atmosfera nell'albergo era completamente onirica. Qui la vita era ancora vissuta con lo stesso lusso e gli stessi artifici dell'ormai lontana era della pace. Non sorprende che vi si trovassero ancora top manager, diplomatici, giornalisti e civili di alto rango sociale, oltre a ufficiali militari di alto livello. Naturalmente abbondavano donne elegantemente vestite, artisti, cabarettiste, prostitute di lusso, oltre a prodotti alimentari che non erano più o non sono mai stati presenti nelle dispense della popolazione berlinese, compresi i migliori vini e champagne francesi.

Al di fuori di queste mura, i russi si stavano avvicinando alla zona, questa volta avanzando da Kronen Street. Sono gruppi di ricognizione e dietro di loro arrivano i carri armati, soprattutto T34 e i potenti IS2. I soldati spagnoli, francesi e belgi che si trovano nella zona si recano ancora una volta nella zona di incursione russa, stazionando nelle case vicine con le loro armi anticarro, MG42, fucili d'assalto e, in breve, con tutte le armi disponibili. Da posizioni a volte impossibili da localizzare per i sovietici, a causa della moltitudine di detriti che disseminano le strade, si fanno valere.

Dopo aver finito i fanti russi con il fuoco pesante, un uomo ha il coraggio e l'assoluto disprezzo per la vita di avvicinarsi il più possibile a ogni carro armato con il suo panzer-faust per sferrare un colpo definitivo alle sue parti più vitali. Avevano già imparato bene che queste zone si trovavano nella torretta, alla sua base e nella

parte in prossimità del carrista. Con il T-34 era già difficile, ma il carico di lavoro si moltiplicava di fronte a quel mostro corazzato di 46 tonnellate che era l'IS2. Tuttavia, dopo una battaglia durata almeno 2 ore, il risultato fu di 5 carri armati abbattuti e decine di uomini uccisi e feriti da entrambe le parti.
Uno degli spagnoli dell'Einheit, soprannominato il "chato", lasciò soli 3 carri da rottamare, Múgica ne finì un altro e il quinto il sergente Ferrer.
Dopo questo combattimento, i russi si ritirarono nuovamente, ma non senza essere avanzati di qualche metro rispetto alla posizione iniziale, stringendo la morsa che "soffocava" Berlino. Una volta lasciate le posizioni alle truppe fresche, gli uomini di Ezquerra fecero irruzione in Hans Vogtei Platz.
Durante questa avanzata non fu osservato alcun movimento nemico, quindi furono prese posizioni strategiche in vista di possibili nuovi attacchi sovietici. Alcune ore dopo, quando l'attacco sovietico fu represso con successo, la piccola unità spagnola fu nuovamente sostituita da un nuovo battaglione tedesco.
Così, comandati da Ezquerra, si recarono al Ministero dell'Aeronautica dove Ezquerra ricevette l'ordine di partecipare alla difesa dell'intera area dei ministeri tra via Herman Göring e via Friedrich fino a Unter den Linden. Insieme ai soldati lettoni di Willi, si avviarono immediatamente verso il nuovo luogo di schieramento per respingere un'incursione di due battaglioni di fanteria sovietica, accompagnati da diversi carri armati, che si avvicinarono pericolosamente a Potsdamer Platz. Gli uomini di Ezquerra, insieme ai lettoni, iniziano ad avanzare verso Potsdamer Platz, ma il cammino è rallentato dalle continue esplosioni di bombe di ogni tipo e calibro. Superando questo pericolo (ma non senza subire almeno cinque perdite), riescono a raggiungere le vicinanze della piazza, dove iniziano a prendere posizione, soprattutto in edifici semidiroccati. Da lì i soldati puntano i panzerfaust e le armi leggere rispettivamente contro i corazzati e la fanteria, che iniziano a riempire la piazza. Le tattiche impiegate in queste situazioni sono abbastanza simili a quelle utilizzate in altre occasioni: si aspetta in copertura fino a quando il bersaglio non è abbastanza vicino per potergli riservare un'accoglienza adeguata alle circostanze. Nessuno si muove, si tengono le dita sui grilletti e sugli inneschi dei panzerfaust, finché il primo carro armato non è in posizione di tiro.
Dopo aver respinto questo nuovo attacco, gli uomini, visibilmente affaticati dopo una lunga giornata di tensione continua, tornarono alla loro base al Ministero dell'Aria. La distruzione che si notava in città era assoluta. Case crollate, rovine in ogni strada e morti, tanti morti, sia civili che militari, immersi in una spirale di sangue e morte che sembrava non avere fine. L'ufficiale di collegamento di Julio Botet, l'SS-Schütze Julio L., scrisse un rapporto sulla vicenda:
"Provavo odio e rabbia, pietà per me stesso e piacere quando uccidevo, ma soprattutto provavo un terribile panico nel perdere qualsiasi arto del mio corpo, tutta Berlino era una discarica di arti umani fatti a pezzi dalle bombe e dalle schegge. Ricordo che io e un tedesco di un'altra unità, credo della Luftwaffe, eravamo appostati molto vicino all'imbocco della metropolitana, quando vedemmo una donna dall'altra parte della strada con un bambino in braccio che stava per attraversare, il tedesco le urlava di non muoversi perché eravamo in una zona di imboscata, o non ci capiva o non ci ascoltava, fatto sta che lei ci corse incontro, Non ha fatto più di tre passi quando una granata le è esplosa davanti, l'onda esplosiva l'ha scaraventata verso di noi come fosse una bambola di pezza, si è alzata stordita, quasi nuda e sanguinante dappertutto, il bambino era decapitato e ciò che restava del corpo era un ammasso di carne, la povera donna, tra gemiti e pianti, ha iniziato il macabro compito di cercare la testa del bambino, noi siamo rimasti indifferenti, non ci importava nulla".

Domenica 29 aprile:

I nuovi ordini di Ezquerra erano di prendere posizione nell'area in cui si trovava la Reichsbank. L'unità avanza lentamente lungo i lati delle strade, riparandosi tra i resti degli edifici in fiamme. Finalmente raggiungono le vicinanze della Reichsbank, dove osservano una compagnia di fanteria russa che tenta di accerchiarla. All'interno della banca, in un guazzabuglio di truppe in difesa, spiccano molti ragazzi della Gioventù hitleriana. Spesso mostrano una fermezza che molti uomini hanno perso dopo tanti anni di combattimento.
Gli uomini dell'Einheit, che nonostante il poco riposo degli ultimi tre giorni sono molto forti, attaccano i russi dal fianco, rompendo la loro linea di avanzata e facendoli arretrare con pesanti perdite.
Tutta l'azione si svolge in breve tempo, è quasi l'alba, e meritano un po' di riposo. Ma non è possibile, perché vengono immediatamente richiamati nell'area intorno a Potsdam Platz, che è sottoposta a un duro attacco da parte di forze combinate di fanteria e corazzate. Si riparano negli edifici delle strade che portano alla piazza

e si posizionano nelle posizioni difensive tenute dalle truppe tedesche. Rimangono lì per diverse ore, finché finalmente, all'alba del nuovo giorno, vengono richiamati in un altro settore che rischia di cadere sotto il rullo compressore russo. Secondo Ezquerra, la loro nuova destinazione era a poche centinaia di metri a est, nella zona dell'hotel Kaiserhof.

All'arrivo in albergo, ricominciano i compiti di "pulizia", occupazione di nuove posizioni e così via. A causa dell'oscurità delle prime ore del mattino, devono usare le torce per individuare il nemico.

Nelle prime ore del mattino, in condizioni di caldo estremo, un piccolo gruppo di spagnoli, guidati da Ezquerra, si è riposato per qualche minuto tra le rovine del cinema Europa, un tempo maestoso. Questo cinema ha un corridoio che conduce all'Anhalterplatz, che deve essere riconosciuto. Ezquerra ordina al tenente Lorenzo Ocañas di affidare a uno dei suoi uomini il compito di scoprirlo. Il prescelto è Macario Vallejo, che si dirige lungo il corridoio nell'oscurità. Passano minuti che sembrano ore, e in lontananza si sentono grida in russo e il rumore delle mitragliatrici. Temendo il peggio, Ocañas si precipita lungo il corridoio seguendo le orme di Vallejo. Quando raggiunge l'esterno, anche lui cade in un'imboscata dei russi, che riescono a catturarlo. Il risultato per l'unità è di quattro morti e un disperso (Ocañas). Dopo la cattura, Ocañas viene portato nelle cantine dell'Hotel Excelsior, tenuto dai russi, che lo usano come posto di comando. Dopo intensi interrogatori, Ocañas riuscì a salvarsi la vita, per poi rimanere in prigionia per 10 anni in condizioni miserabili nei campi di prigionia dell'Unione Sovietica, fino a quando fu finalmente rimpatriato sulla nave Semiramis nel 1954.

Gli uomini, esausti dopo lunghe ore di combattimento praticamente ininterrotto, tornano alla loro "base" del Ministero dell'Aviazione, dove si riposano ovunque riescono a trovare.

Per tutto il giorno si mantengono i contatti con i russi, con i quali si concorda di prendere contatto per i colloqui. Come previsto, a causa dell'intransigenza di entrambe le parti, non viene raggiunto alcun accordo. I russi volevano una resa completa, che le esauste truppe tedesche rifiutarono categoricamente. Secondo il racconto di Ezquerra nel suo libro, egli stesso partecipò come ospite d'eccezione. Egli sostiene di essere stato uno dei membri del gruppo di parlamentari tedeschi inviati a negoziare con i russi. Questo fatto è supportato anche dai commenti del tenente Ocañas nel suo libro sul suo incontro con Ezquerra, quando il tenente era già in prigionia, e sul tentativo di Ezquerra di portarlo nelle linee tedesche, anche se senza successo a causa del rifiuto dei sovietici. Che questo incontro sia vero o meno (anche se ci sono, come abbiamo detto, informazioni che sembrano renderlo plausibile), ciò che è noto è che qualsiasi tentativo di negoziazione in quei giorni ebbe lo stesso risultato di quello qui menzionato.

Lunedì 30 aprile:

L'Einheit resistette nei pressi di Potsdamplatz, riparandosi in ogni buca, cumulo di macerie, veicolo abbandonato o qualsiasi altra cosa riuscisse a trovare. Con lo slogan "non un passo indietro", resistettero all'assalto, ma quando non ebbe più senso restare e solo allora Ezquerra autorizzò la ritirata attraverso i tunnel sotterranei, seguendo i resti della Divisione Müncheberg, che li aveva utilizzati per fuggire dalla zona poco tempo prima.

Alcuni spagnoli, in ritirata con le truppe sovietiche alle spalle, si ritirano lungo la Friedrichstrasse, prendendo posizione nei pressi della Cancelleria, nel cui bunker Adolf Hitler si suicida quello stesso giorno.

Martedì 1° maggio:

Ezquerra e i pochi che lo seguirono, insieme ad altri gruppi sparsi di soldati spagnoli, iniziarono la difesa del quartiere ministeriale, combattendo continuamente per ogni pezzo del limitato territorio berlinese ancora in mano ai tedeschi.

I russi si avvicinano da Wilhelmstrasse e Friedrichstrasse.

I resti dell'unità passano a difendere l'area del Ministero dell'Interno, affiancati dai resti di molte altre unità come la Nordland e la Müncheberg. L'edificio è difeso, come sempre, metro per metro. Ogni stanza è una trappola mortale per i russi, il che serve solo a ritardare l'inevitabile per qualche altra ora.

I resti dell'Einheit si riuniscono al Ministero dell'Aria dopo una giornata di continui combattimenti e ritirate. Lì, il capitano Willi dà a Ezquerra un ordine di grande importanza che aveva ricevuto poco prima dallo stesso Führerbunker. L'ordine era di formare, con i suoi uomini e con i resti delle truppe lettoni ancora in grado di combattere, un gruppo che avrebbe cercato di rompere l'assedio dei russi.

Con discrezione lasciano le loro postazioni e si dirigono verso il Ministero dell'Aria, il punto di raccolta di queste truppe. Al Ministero dell'Aria, Ezquerra conferma ai suoi uomini dove devono avanzare e la loro destinazione, la Stettiner Bahnhof, che si trova a nord, oltre la Sprea.

Lasciano il ministero dell'Aria attraverso il garage e si dirigono verso Wilhelm Street. Lì, riparandosi tra le macerie e i muri degli edifici circostanti, si dirigono verso la vicina stazione della metropolitana, che si trova a poca distanza dal ministero. Da lì, protetti dai tunnel sotterranei, sono riusciti a raggiungere la vicina stazione di Wilhelmplatz. Lì gli uomini di Ezquerra si sono raggruppati, raggiungendo gradualmente i loro compagni lettoni.

Alla fine, un colonnello delle SS riesce a ordinare i diversi gruppi di soldati che arrivano alla stazione e li informa del prossimo punto di incontro, che è la stazione di Friedrichstrasse lungo la Sprea. Dopo una lunga camminata, superando vari ostacoli nelle gallerie e alcuni dei cadaveri degli sfortunati uomini che hanno finito i loro giorni lì, arrivano finalmente alla stazione di Friedrichstrasse.

La sponda nord del ponte Weidendamm era a quel tempo la linea del fronte settentrionale di Berlino e doveva essere attraversata per raggiungere la destinazione fissata per i nostri uomini: la Stettiner Bahnhof. I quattro spagnoli che miracolosamente ancora combattevano dell'unità spagnola, e non senza una buona dose di fortuna, riuscirono ad attraversare il ponte e a dirigersi immediatamente verso il riparo offerto dalle prime case a sinistra del ponte. Alcuni uomini di diverse unità si unirono a loro in via del tutto provvisoria per cercare di raggiungere il loro obiettivo comune: la vicina ma lontana Stettiner Bahnhof. Infine, da queste case, riescono a raggiungere il loro obiettivo in pochi metri. L'ultimo ordine dell'Einheit è stato eseguito, a costo di perdere tutti gli uomini tranne il loro capo e Pinar.

Nonostante la breve distanza che li separava, raggiunsero il bunker di Stettiner Bahnhof, dove erano rimaste alcune truppe da combattimento tedesche, sotto il cui comando furono posti. Fu lì che furono finalmente catturati dai russi. Durante questa giornata, la maggior parte degli uomini dell'unità era caduta nei combattimenti, ma per i pochi sopravvissuti era tutto finito.

Ezquerra, in particolare, dopo aver trascorso diversi giorni in prigionia, riuscì a fuggire dai gruppi di prigionieri mal sorvegliati. Dopo molte peripezie e fingendosi uno delle migliaia di lavoratori forzati che i tedeschi avevano trattenuto nel loro territorio, raggiunse la Spagna attraverso i Pirenei.

Tra i pochi fortunati che riuscirono a tornare in patria, l'unica opzione era cercare di rimanere nell'anonimato o correre il rischio, come accadde a un uomo, di essere deferito alla corte marziale per "abbandono del dovere", in seguito alla disobbedienza alle norme emanate dal governo spagnolo a questo proposito. Anche se quest'uomo fu poi assolto un paio di anni dopo.

▲ Ricardo Botet Moro è stato uno degli spagnoli più attivi nelle forze armate tedesche, avendo prestato servizio nella Divisione Blu, nella Legione Blu, nella SD, nella 28ª SS-Freiwilligen-Panzergrenadier-Division "Wallonien" e nell'Unità Ezquerra. Per gentile concessione di Almena e Augusto Ferrer-Dalmau.

▲ Una delle poche immagini di spagnoli in uniforme delle SS. Si tratta dell'SS-Oscha Camargo (a sinistra nella foto) nella primavera del 1945 nei pressi di Rodengo-Saiano, nel bresciano, durante le manovre con la sua unità: la I./WGRsSS81, parte della 29ª Waffen Grenadier Division der SS. Per gentile concessione di Erik Norling.

▼ Ufficiali della Divisione SS Wallonien posano per il fotografo presso la scuola ufficiali di Kienschlag (anche Botet frequentò questa scuola), tra loro c'è lo spagnolo Lorenzo Ocañas (6) che partecipò con l'Unità Ezquerra alla battaglia di Berlino, dove fu catturato. Sono noti i nomi di alcuni membri delle SS che accompagnano Ocañas nella foto, come Serlet (1), Suain (2), Foulon (3), De Goy (4) e Hancisse (5). Per gentile concessione di Almena e Augusto Ferrer-Dalmau.

▲ L'unica fotografia pubblicamente nota di Miguel Ezquerra, scattata nel 1982 in un'intervista per la rivista Interviú. Immagine gentilmente fornita dalla rivista Interviú attraverso il suo caporedattore Aitor Marín per la riproduzione in questo libro.

RIMPATRIO

Il processo di ritorno in Spagna fu molto complicato. Le circostanze dell'occupazione sovietica e di quella degli alleati occidentali dell'ex Reich, oltre alla distruzione di gran parte delle infrastrutture, non consentivano un movimento fluido attraverso le loro terre.

La prima parte del ritorno degli uomini superstiti dell'Unità Ezquerra fu la fuga dalla zona di occupazione sovietica verso gli Alleati occidentali. L'appartenenza alle SS si sarebbe rivelata un elemento contro gli spagnoli nel settore occidentale, ma avrebbe potuto significare la morte immediata nel settore orientale. Poco prima della capitolazione, diversi spagnoli (tra cui, secondo Ezquerra, una trentina di membri della sua unità) riuscirono a lasciare Berlino e poi la Germania, grazie all'aiuto del Consolato spagnolo a Berlino. Altri gruppi di spagnoli (forse quelli rimasti sulle Alpi), dopo essere stati esonerati dal giuramento di fedeltà a Hitler, ricevettero i passaporti per la Svizzera neutrale, dove furono internati nei campi di Oerlikon-Zurigo e Laplaine-Ginevra. Dopo le relative autorizzazioni, ottennero dal governo spagnolo un treno che sarebbe partito da Berna e sarebbe arrivato alla stazione francese di Chambery il 17 giugno. Mentre si trovava in questa stazione, il treno fu assaltato dalle forze dell'ex Maquis e dovette tornare in Svizzera; furono nuovamente internati nei campi di Laplaine-Ginevra e Bühler-Apenzell. Dovettero aspettare fino al 3 dicembre quando riuscirono a tornare in Spagna a bordo della nave "Plus Ultra".

Un altro gruppo di spagnoli fu quello di coloro che, dopo essere stati catturati dagli Alleati occidentali, dovettero passare attraverso alcuni campi di concentramento fino alla successiva liberazione. Sono i casi di alcuni uomini che avevano servito sotto il tenente Ortiz (che apparteneva al 102°) ed erano rimasti sulle montagne del nord Italia senza passare per Stockerau, come Antonio Pardo (che fu fatto prigioniero a Udine e trattenuto fino all'ottobre 1948) o Federico Martínez (catturato a Gorizia e trattenuto a Rímini fino al luglio 1949, quando riuscì a fuggire tornando in Spagna clandestinamente attraverso Puigcerdá). Altri uomini che hanno prestato servizio nella Wehrmacht sono riusciti a raggiungere Roma (con la connivenza della popolazione italiana) e da lì sono riusciti a farsi rimpatriare in Spagna.

Ma molti spagnoli erano stati tenuti prigionieri dai sovietici e le condizioni non sarebbero state le stesse. Nei "gulag" dovettero sopravvivere per anni a privazioni apparentemente infinite, sottoposti a ogni tipo di umiliazione e privazione.

Dopo la morte di Stalin, nel marzo 1953, le condizioni di vita dei prigionieri migliorarono e cominciarono a circolare voci su un possibile rimpatrio. Un anno dopo, i prigionieri si concentrarono nel porto di Odessa, di cui 18 decisero di rimanere in URSS di propria iniziativa, oltre a 65 disertori che, per paura di rappresaglie, non sarebbero tornati in patria. Venerdì 2 aprile 1954, i prigionieri di guerra spagnoli che, dopo essere stati tenuti prigionieri per 10 o 12 anni nel Gulag sovietico con infinite privazioni, erano riusciti a sopravvivere, tornarono in Spagna dopo i contatti tra i governi sovietico e spagnolo. Il tanto atteso ritorno è avvenuto sulla nave greca "Semiramis" battente bandiera liberiana, noleggiata dalla Spagna su incarico della Croce Rossa, che è partita dal porto di Odessa e ha sbarcato 286 persone nel porto di Barcellona. Queste sarebbero state distribuite in base alla loro provenienza, come segue nel modo più veritiero:

Un contingente di prigionieri di guerra composto da 248 uomini:

- 219 uomini che avevano fatto parte della Divisione spagnola di Volontari.
- 7 alla Legione Volontaria Spagnola.
- 21 alle truppe Waffen SS.
- 1 alla Squadriglia "Blu".

Il restante contingente di 38 persone è stato così suddiviso:
- 4 "bambini di guerra".
- 34 internati. Questi ultimi sono stati a loro volta distribuiti:
  - 19 marinai, la maggior parte dei quali membri dell'equipaggio della motonave "Cabo San Agustín", una nave che trasportava carichi d'oro dal Banco de España a Odessa. C'erano anche marinai della Flotta Repubblicana che si trovavano in territorio sovietico alla fine della guerra civile spagnola.

- 12 uomini che erano stati studenti della Scuola di Aviazione di Kirovavad e che, dopo la fine della guerra civile spagnola, non avevano rinunciato alla loro cittadinanza spagnola, furono dichiarati dissidenti e internati nei campi.
- 3 lavoratori imprigionati in Germania alla fine della Seconda Guerra Mondiale.

(dati ricavati dall'articolo pubblicato sul numero 46 dell'eccellente "Revista Española de Historia Militar" con il titolo "Semíramis, 1954: El regreso de los cautivos de la División Azul").

Alle 5.35 di quel giorno, la nave attraccò al porto, sbarcando gli uomini, magri ed emaciati dopo una così lunga prigionia, concludendo così la loro "avventura" nella lotta contro i sovietici. Del totale dei rimpatriati, circa venti erano uomini che avevano fatto parte delle Waffen SS.
Lì sono stati accolti da una grande folla di persone, tra cui familiari e altri parenti. A nome del Capo dello Stato, il Ministro Segretario Generale del Movimento, Raimundo Fernández Cuesta, e il Ministro dell'Esercito, Tenente Generale Muñoz Grandes (primo comandante della Divisione Blu), accompagnati da Agustín Aznar, Delegato Nazionale per la Salute, sono saliti a bordo per dare il benvenuto. Nella Basilica della Merced si è svolta una cerimonia di ringraziamento, alla quale era presente l'arcivescovo di Barcellona, Modrego.
Anche se i "Semíramis" non portarono con sé tutti i prigionieri rimasti in U.R.S.S., si sa che un certo numero di spagnoli era ancora vivo fino al 1955, il che è difficile da determinare. Infatti, uno degli uomini che aveva combattuto nell'Unità Ezquerra nella battaglia di Berlino, Juan Pinar, fu rilasciato nel dicembre 1955. Nonostante i cattivi rapporti tra il governo sovietico e quello spagnolo, grazie alla mediazione della Croce Rossa, circa 2500 spagnoli furono rimpatriati in sette "viaggi" tra il settembre 1956 e il maggio 1959 (nei mesi di settembre, ottobre, novembre e dicembre 1956; gennaio e maggio 1957; maggio 1959), la maggior parte dei quali furono effettuati dalla nave "Crimea" e diretti al porto di Castellón. Ma questi altri rimpatri, a causa della situazione della Spagna nel mondo in quel momento, sono passati quasi inosservati nel corso degli anni fino ai giorni nostri, senza aver avuto il loro "momento" di gloria nei giornali o nelle cronache dell'epoca. Tra tutti questi rimpatriati, erano rimasti pochi uomini che appartenevano alla DEV, e c'era un appartenente alle Waffen SS che era stato catturato in Jugoslavia, forse un membro della 102ª Compagnia.

▲ Una guardia d'onore accompagna la bara di un divisionario caduto trasportata da una carrozza in territorio russo (LET).

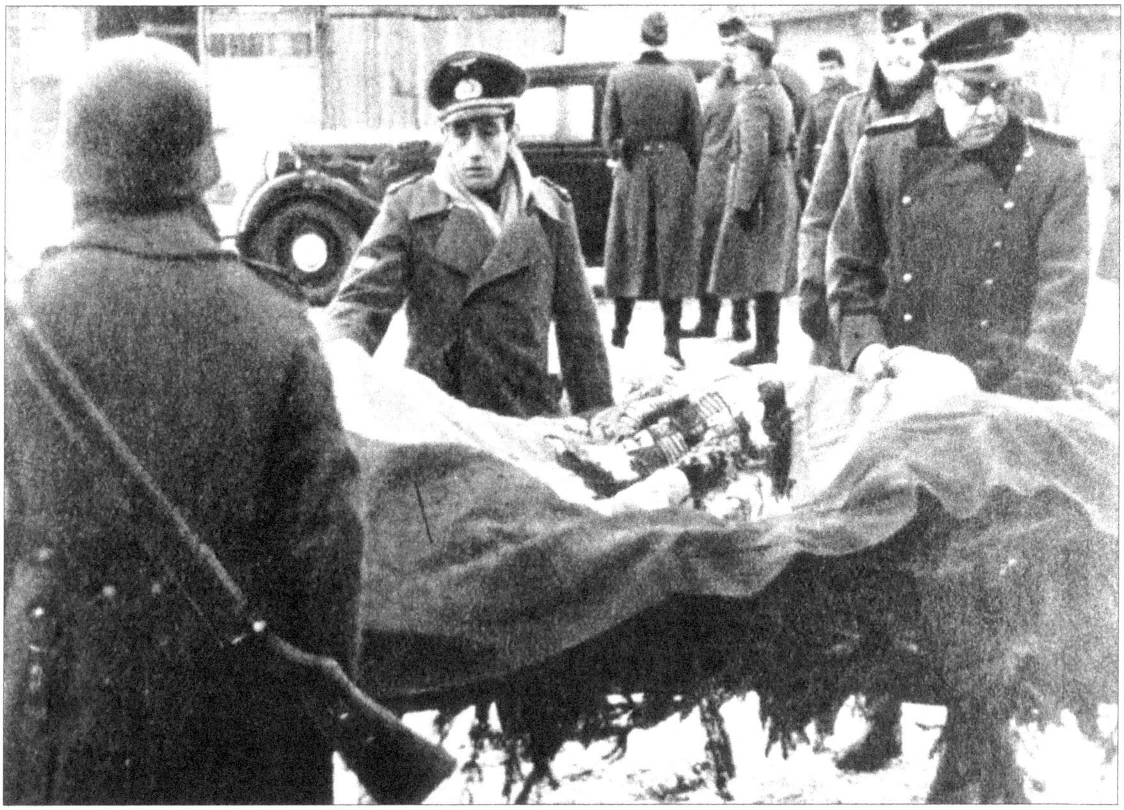

▲ Il generale Moscardó visitò la DEV sotto il comando di Muñoz Grandes tra novembre e dicembre 1941. Lì assistette alla sepoltura di uno dei caduti spagnoli (LET).

▼ Un triste addio a un compagno in terra russa (LET).

▲ Le bandiere tedesche e spagnole coprono le bare dove riposano i corpi dei divisionari caduti nella lotta contro i sovietici (LET).

▼ Il generale Esteban Infantes al funerale di un divisionario (LET).

▲ "Avevo un compagno..." (LET).

▼ "... tra tutti, il migliore" (LET).

▲ Commozione nel cimitero dell'ospedale di Königsberg (LET).

▼ Non tutti i divisionari poterono ricevere una sepoltura adeguata come nella foto, a causa della forte pressione esercitata dai sovietici sulle linee difensive ispano-tedesche (LET).

▲ Donne sovietiche assistono alla sepoltura dei soldati della DEV. Il buon trattamento degli spagnoli nei confronti della popolazione civile sovietica permise lo sviluppo di alcuni legami emotivi tra loro (LET).

▼ Il cimitero di Riga, dove sono sepolti uomini di varie nazionalità che hanno servito nelle forze armate tedesche (LET).

▲ Il ritorno dei rimpatriati sulla Semíramis è stato vissuto "in situ" da migliaia di persone a Barcellona (LET).

▲ Il ponte e la plancia della Semíramis con gli impazienti spagnoli, desiderosi di tornare in patria dopo anni di prigionia (LET).

▼ L'emozione si legge sui volti dei rimpatriati spagnoli a bordo della Semíramis (LET).

▲ Muñoz Grandes al ricevimento dei rimpatriati sulla Semíramis presso il Ministero dell'Esercito (LET).

▼ Muñoz Grandes mentre pronuncia un discorso di benvenuto ai rimpatriati sulla Semíramis (LET).

▲ Un'altra immagine del ricevimento al Ministero dell'Esercito per i rimpatriati sulla Semíramis nel 1954 (LET).

▲ Ufficiali dell'Esercito posano davanti a uno Junkers Ju 52 dopo aver completato il corso per osservatori di artiglieria aerea (LET).

▼ Ex membri del DEV sfilano a Palma di Maiorca negli anni '70 (LET).

▲ Sepoltura con tutti gli onori del Capitano Generale Muñoz Grandes, morto l'11 luglio 1970 (LET).

▼ Fotografia dell'arrivo a Barcellona dei prigionieri della Divisione Blu sulla Semíramis (BVD).

▲ Stendardo che presiedeva l'ospedale da campo della DEV, chiamata 250ª Divisione di fanteria della Wehrmacht (LET).

UNIFORMI

In viaggio verso la Germania

Quando la Divisione Blu fu organizzata in Spagna, la maggior parte dei volontari proveniva da due ambienti diversi, ognuno con un tipo di uniforme differente. I volontari provenivano dalle milizie della Falange e dall'altra parte c'erano i membri dell'esercito spagnolo.
I volontari falangisti indossavano un'uniforme con giacca e pantaloni "beige" (solo i capi, gli ufficiali e i sottufficiali indossavano il verde militare), mentre i membri dell'esercito indossavano l'uniforme verde regolamentare (kaki).
Tutti i membri della Divisione Blu indossavano un berretto rosso.
La maggior parte dei volontari della Falange e alcuni membri dell'esercito indossavano una camicia blu (tipica della Falange).
Con queste uniformi gli spagnoli sarebbero arrivati al campo di Grafenwöhr, dove avrebbero ricevuto le nuove uniformi tedesche.

Divisione Blu e Legione Blu

Le uniformi ricevute a Grafenwöhr erano le stesse indossate dai membri della Wehrmacht. Ogni spagnolo ricevette un berretto pieghevole, un elmetto, una giacca, dei pantaloni, una mantellina e degli stivali. A causa della loro appartenenza alla Wehrmacht, gli uomini della Divisione Blu portavano l'aquila della Wehrmacht (Hoitszeichen) sulla tasca destra della giacca. L'unica differenza con le uniformi dei loro commilitoni tedeschi era l'esistenza di uno scudo sul braccio destro con i colori rosso-giallo-rosso e la scritta ESPAÑA (questo scudo veniva portato anche sulle mantelle e sul lato destro dell'elmetto).
Ufficiosamente, molti soldati spagnoli continuarono a indossare camicie blu sotto le giacche, così come molti soldati che avevano fatto parte della Legione spagnola in Spagna indossavano camicie verde chiaro.
Quando arrivò l'inverno, le truppe spagnole ricevettero giacche a vento reversibili (bianche da un lato e in tessuto mimetico dall'altro), così come blouson e pantaloni bianchi (da indossare sopra l'uniforme verde della Wehrmacht). In questo periodo era comune che gli elmetti fossero dipinti di bianco per un migliore mascheramento sul freddo fronte russo. Su questi blouson e giacche a vento venivano spesso cuciti gli stemmi nei colori della bandiera spagnola, anche se ciò non era richiesto dai regolamenti.
Quando la Divisione Blu fu rimpatriata, i soldati dovettero consegnare tutte le loro uniformi all'esercito tedesco e tornare alle uniformi con cui avevano lasciato la Spagna per la Germania.
Con la partenza della Divisione Blu, la Legione Blu era composta da membri della Divisione, quindi le uniformi non differiscono da quelle utilizzate da entrambe le unità.

Wehrmacht e Waffen SS

Una volta che la Legione Blu lasciò la Spagna, gli spagnoli che continuarono a combattere lo fecero principalmente nelle unità della Wehrmacht e delle Waffen SS, indossando le stesse uniformi dei loro compagni tedeschi.
Come curiosità, ecco le uniformi utilizzate dall'ultima unità spagnola in combattimento: l'Unità Ezquerra (Einheit Ezquerra).
Le uniformi indossate dagli uomini dell'unità Ezquerra, come conseguenza della situazione della Germania dell'epoca, erano molto eterogenee. Il quartier generale era praticamente inesistente, per cui nei ranghi dell'Einheit le uniformi "verdi" delle SS si mescolavano con uniformi mimetiche di vari modelli o addirittura con alcune uniformi della Wehrmacht. In ogni caso, gli spagnoli furono forniti a Potsdam di uniformi mimetiche maculate M 44, che consistevano in una giacca a quattro tasche molto simile alla Feldbluse M 43 e in un paio di pantaloni a tubo, entrambi in tessuto di rayon stampato in cinque colori (varie tonalità di verde e marrone).
Alcuni uomini mantennero ancora le loro camicie blu, che erano diventate standard, sotto le uniformi te-

desche indossate dagli uomini della Divisione Blu. Questa camicia era l'indumento della FE de la JONS e fu utilizzata in modo continuativo nonostante le regole sempre meno rigide (alla fine del conflitto) in materia di abbigliamento militare. Ci sono anche testi che menzionano l'uso di alcuni elementi dell'uniforme dell'esercito spagnolo, come la cintura regolamentare della Legione spagnola. Per quanto riguarda le calzature, ad eccezione di alcuni che mantennero gli stivali alti, i più comuni in quella fase del conflitto erano gli stivali corti con le ghette.

In linea di massima le cinture utilizzate erano quelle standard delle SS, anche se non si può escludere l'uso di alcune cinture della Wehrmacht. Ci sono anche testimonianze di ex legionari del Tercio che indossano ancora le loro cinture per archibugi e balestre, così come i loro braccialetti di cuoio.

Il copricapo utilizzato era l'elmetto modello 35/40 e 42 con e senza decalcomanie o il berretto con visiera introdotto nel 1943 per il suo maggiore comfort.

Ma la verità è che, non esistendo fotografie dei nostri uomini durante la battaglia di Berlino, tutto ciò che si sa è frutto dei racconti dei sopravvissuti e dei testimoni che sono esistiti. Anche se in generale, come altre formazioni di stranieri che combatterono nell'ambito delle forze armate tedesche, sarebbero stati in uniforme come il resto dei combattenti tedeschi, e più specificamente come quelli appartenenti alle Waffen SS che combatterono a Berlino come gli uomini della 33ª Divisione Waffen-Granadier der SS (Französische No. 1) Charlemagne.

Le particolarità che i nostri uomini portavano erano lo stemma sulla manica sinistra (come era standard per le Waffen SS) con i colori nazionali e la parola "Spagna" in alto. Forse non tutti gli uomini lo portavano a causa delle diverse origini delle truppe dell'Unità Ezquerra (lo portava la maggior parte di coloro che avevano prestato servizio nella Divisione o nella Legione Blu), e in molti casi era attaccato all'uniforme con semplici spille senza cuciture. In altri casi lo stemma era posto sulla manica destra, contravvenendo all'ordinanza stabilita. All'interno di questo stemma esistevano diverse varietà, sulle quali potevano essere ricamati un giogo con frecce, una Croce di Ferro o svastiche.

Sopra lo scudo doveva esserci l'aquila standard delle Waffen SS, di cui l'unità spagnola faceva parte.

Altre decorazioni che si potevano vedere sulle uniformi erano le bande sul braccio destro che indicavano che avevano distrutto un veicolo corazzato in combattimento; così come le decorazioni spagnole o tedesche (queste nel caso degli ex membri della Divisione Blu o della Legione) che ciascuno possedeva, o gli emblemi della Falange o del SEU.

Come ulteriore elemento da tenere in considerazione nell'aspetto variopinto che potevano avere i nostri soldati all'epoca, bisogna considerare che i volontari della Legione erano soliti indossare cinture di Tercio, bracciali di cuoio e una serie di decorazioni sparse per i loro guerrieri. Ovviamente, però, non possiamo generalizzare in questo senso.

DECORAZIONI

Non è dato sapere quali decorazioni gli uomini dell'Unità potessero portare sulle loro uniformi, ma tenendo presente che molti di loro avevano già partecipato a numerosi combattimenti sia in unità sotto comando spagnolo che tedesco durante la Seconda Guerra Mondiale; oltre a possibili decorazioni ottenute in Spagna durante la loro permanenza nell'esercito.

Come promemoria, il numero di medaglie ottenute dagli uomini della Divisione Blu, alcuni dei quali hanno mosso i primi passi nell'Unità Ezquerra, è stato di una Croce di Cavaliere con Foglie di Quercia, una Croce di Cavaliere, due Croci d'Oro, 2497 Croci di Ferro (di cui 138 di Prima Classe), 2216 Croci al Merito Militare con Spade (di cui 16 di Prima Classe).

Inoltre, sembra che la maggior parte degli uomini che parteciparono alla difesa di Berlino ricevettero la Croce di Ferro di seconda classe per aver preso parte alla battaglia.

▲ Volontario della DA Jaime Vallespinosa Solanellas (NEG).

EQUIVALENZE DEI GRADI DELLE WAFFEN SS E DELLA WEHRMACHT CON QUELLI DELL'ESERCITO SPAGNOLO

GRADO[1]		EQUIVALENZA
WAFFEN SS	WEHRMACHT	
TRUPPA		
Granatiere SS	Schütze	Soldato
SS-Obergrenadier	Oberschütze	Soldato di 1ª classe
SS-Sturmann (SS-Strm)		Caporale
SS-Rottenführer (SS-Rttf)	Gefreiter	Caporale
SOTTUFFICIALI		
SS-Unterscharführer (SS-Uscha)	Obergefreiter	Sergente
SS-Scharführer (SS-Scha)	Untoffizier	1° Sergente
SS-Oberscharführer (SS-Oscha)	Unterfeldwebel	Brigata
	Feldwebel	Sergente Maggiore di Compagnia
SS-Hauptscharführer (SS-Hascha)	Oberfeldwebel	Secondo Tenente
	Hauptfeldwebel	Sergente maggiore reggimentale
SS-Sturmscharfhürer (SS-Stscha)	Stabfeldwebel	Sottufficiale superiore
UFFICIALI		
SS-Untersturmführer (SS-Ustuf)	Leutnant	Guardiamarina
SS-Obersturmführer (SS-Ostuf)	Oberleutnant	Tenente
SS-Hauptsturmführer (SS-Hstuf)	Hauptmann	Capitano
COMANDANTI		
SS-Sturmbannführer (SS-Stubaf)	Maggiore	Comandante
SS-Obersturmbannführer (SS-Ostubaf)	Oberstleutnant	Tenente Colonnello
SS-Standartenführer (SS-Staf)	Oberst	Colonnello
SS-Oberführer (SS-Obf)		Nessuna equivalenza
GENERALI		
SS-Brigadeführer e Generalmajor delle Waffen SS (SS-Brif)	Maggiore generale	Generale di brigata
SS-Grupenführer e Generalleutnat der Waffen SS (SS-Gruf)	Generalleutnant	Generale di divisione
SS-Obergruppenführer e Generale delle Waffen Ss (SS-Ogruf)	Generale dell'Fanteria, Kavallerie.	Tenente Generale
SS-Oberstgruppenführer e Generaloberst der Waffen SS (SS-Obgruf)	Generale	Capitano Generale
	Generalfeldmarschall	Maresciallo
SS-Reichsführer SS[2]		Nessuna equivalenza

1 Alcuni gradi non sono direttamente equivalenti ai gradi attuali dell'Esercito spagnolo.
2 Questo grado era esclusivo di Heinrich Himmler.

▲ Volontario della DA Jaime Vallespinosa Solanellas (NEG).

EQUIVALENZE DEI GRADI DELLE WAFFEN SS E DELLA WEHRMACHT CON QUELLI DELL'ESERCITO SPAGNOLO

GRADO[1]		EQUIVALENZA
WAFFEN SS	WEHRMACHT	
TRUPPA		
Granatiere SS	Schütze	Soldato
SS-Obergrenadier	Oberschütze	Soldato di 1ª classe
SS-Sturmann (SS-Strm)		Caporale
SS-Rottenführer (SS-Rttf)	Gefreiter	Caporale
SOTTUFFICIALI		
SS-Unterscharführer (SS-Uscha)	Obergefreiter	Sergente
SS-Scharführer (SS-Scha)	Untoffizier	1° Sergente
SS-Oberscharführer (SS-Oscha)	Unterfeldwebel	Brigata
	Feldwebel	Sergente Maggiore di Compagnia
SS-Hauptscharführer (SS-Hascha)	Oberfeldwebel	Secondo Tenente
	Hauptfeldwebel	Sergente maggiore reggimentale
SS-Sturmscharfhürer (SS-Stscha)	Stabfeldwebel	Sottufficiale superiore
UFFICIALI		
SS-Untersturmführer (SS-Ustuf)	Leutnant	Guardiamarina
SS-Obersturmführer (SS-Ostuf)	Oberleutnant	Tenente
SS-Hauptsturmführer (SS-Hstuf)	Hauptmann	Capitano
COMANDANTI		
SS-Sturmbannführer (SS-Stubaf)	Maggiore	Comandante
SS-Obersturmbannführer (SS-Ostubaf)	Oberstleutnant	Tenente Colonnello
SS-Standartenführer (SS-Staf)	Oberst	Colonnello
SS-Oberführer (SS-Obf)		Nessuna equivalenza
GENERALI		
SS-Brigadeführer e Generalmajor delle Waffen SS (SS-Brif)	Maggiore generale	Generale di brigata
SS-Grupenführer e Generalleutnat der Waffen SS (SS-Gruf)	Generalleutnant	Generale di divisione
SS-Obergruppenführer e Generale delle Waffen Ss (SS-Ogruf)	Generale dell'Fanteria, Kavallerie.	Tenente Generale
SS-Oberstgruppenführer e Generaloberst der Waffen SS (SS-Obgruf)	Generale	Capitano Generale
	Generalfeldmarschall	Maresciallo
SS-Reichsführer SS[2]		Nessuna equivalenza

1 Alcuni gradi non sono direttamente equivalenti ai gradi attuali dell'Esercito spagnolo.
2 Questo grado era esclusivo di Heinrich Himmler.

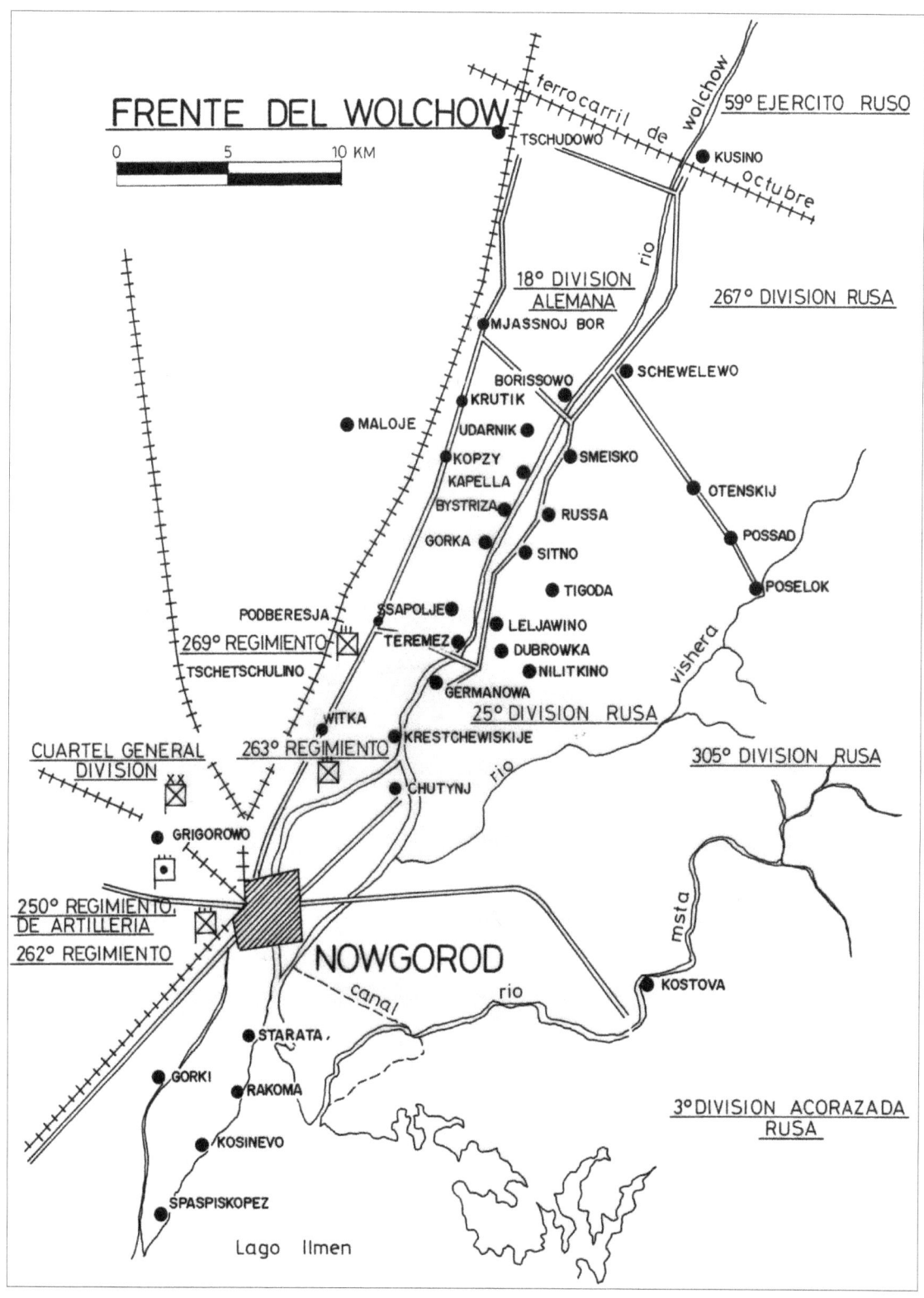

▲ Fronte di Volkhov nel gennaio 1942 (NEG).

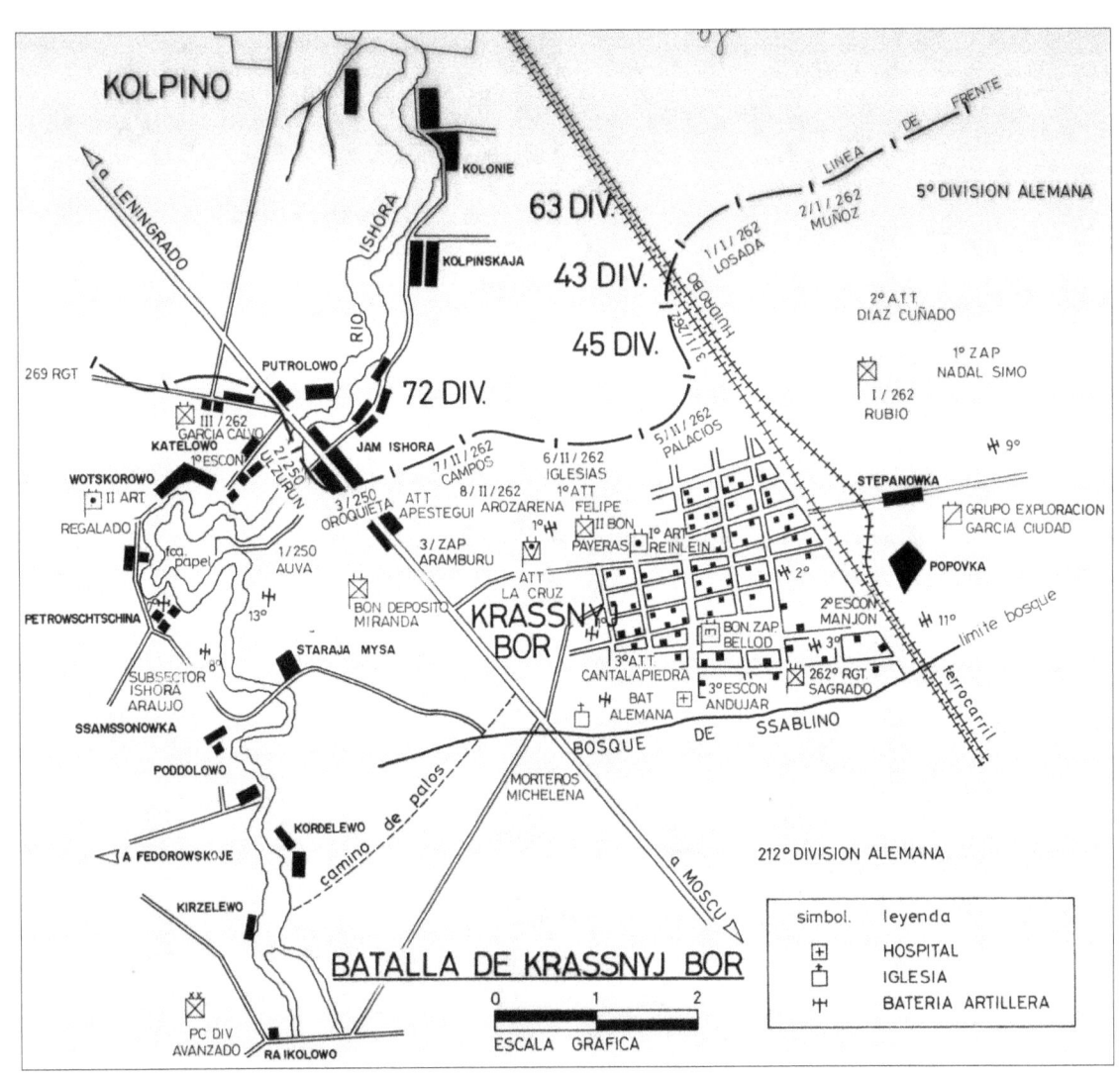

▲ Battaglia di Krasny Bor nel febbraio 1943 (NEG).

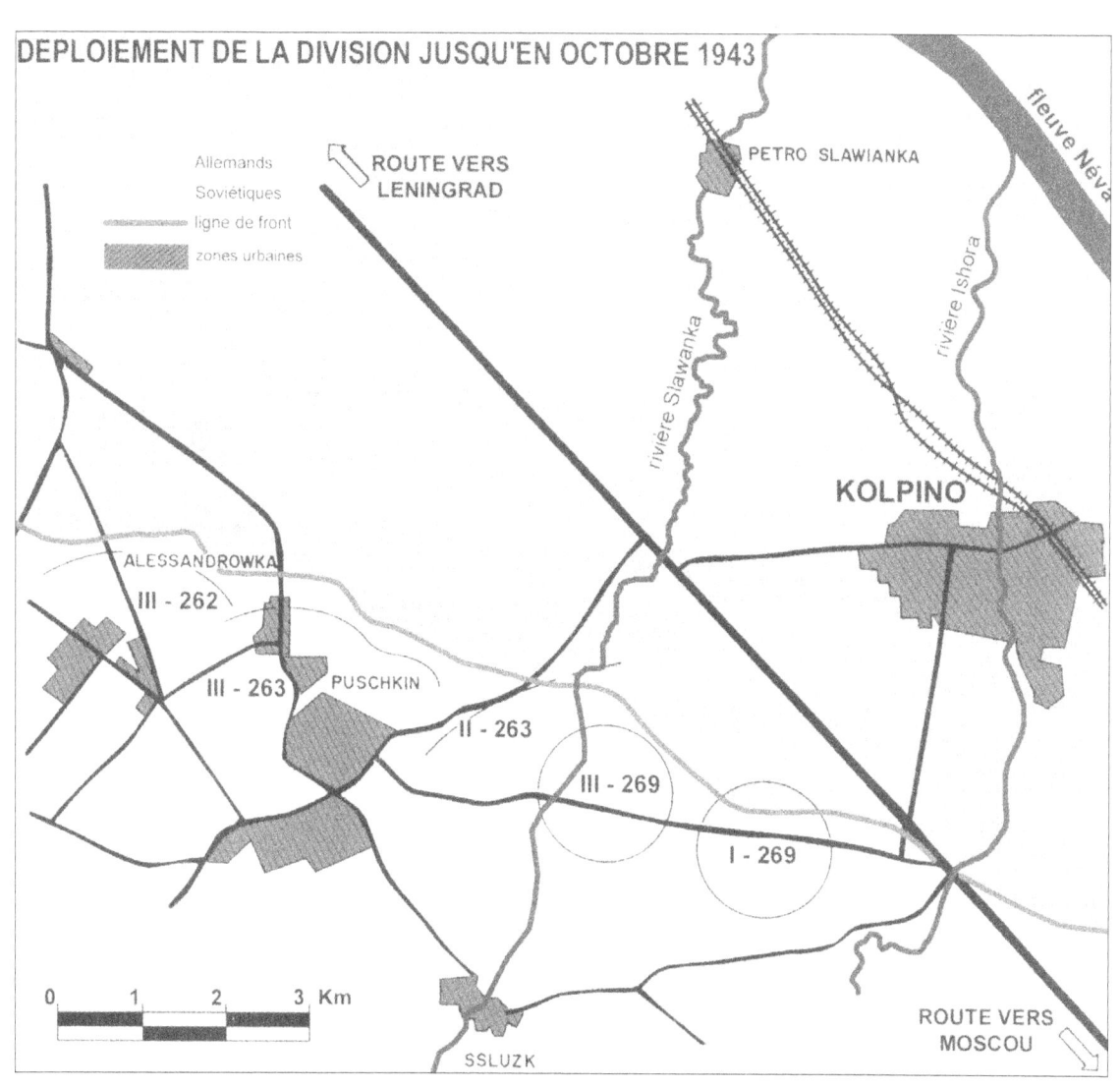

▲ Schieramento della Divisione Blu nella zona di Kolpino nell'ottobre 1943 (JAC).

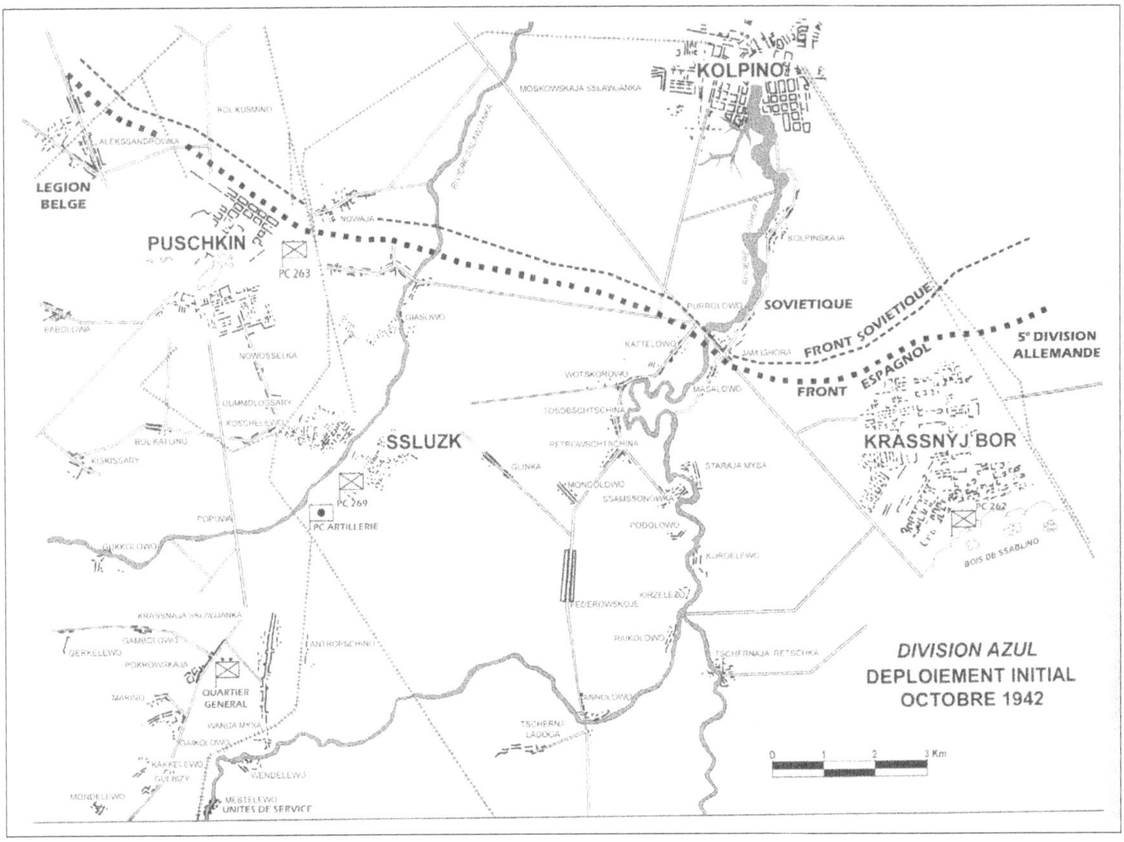

▲ Schieramento iniziale della Divisione Blu nella zona di Krasny Bor e Kolpino nell'ottobre 1942 (JAC).

▼ Schieramento della Divisione Blu nella tasca di Oraniembaum nell'ottobre 1943 (JAC).

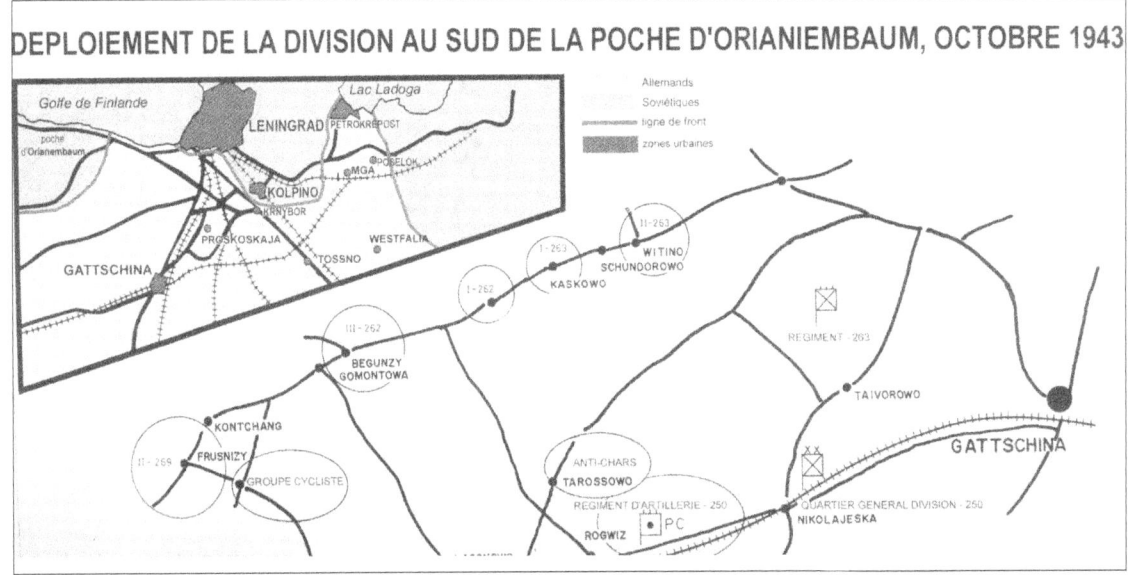

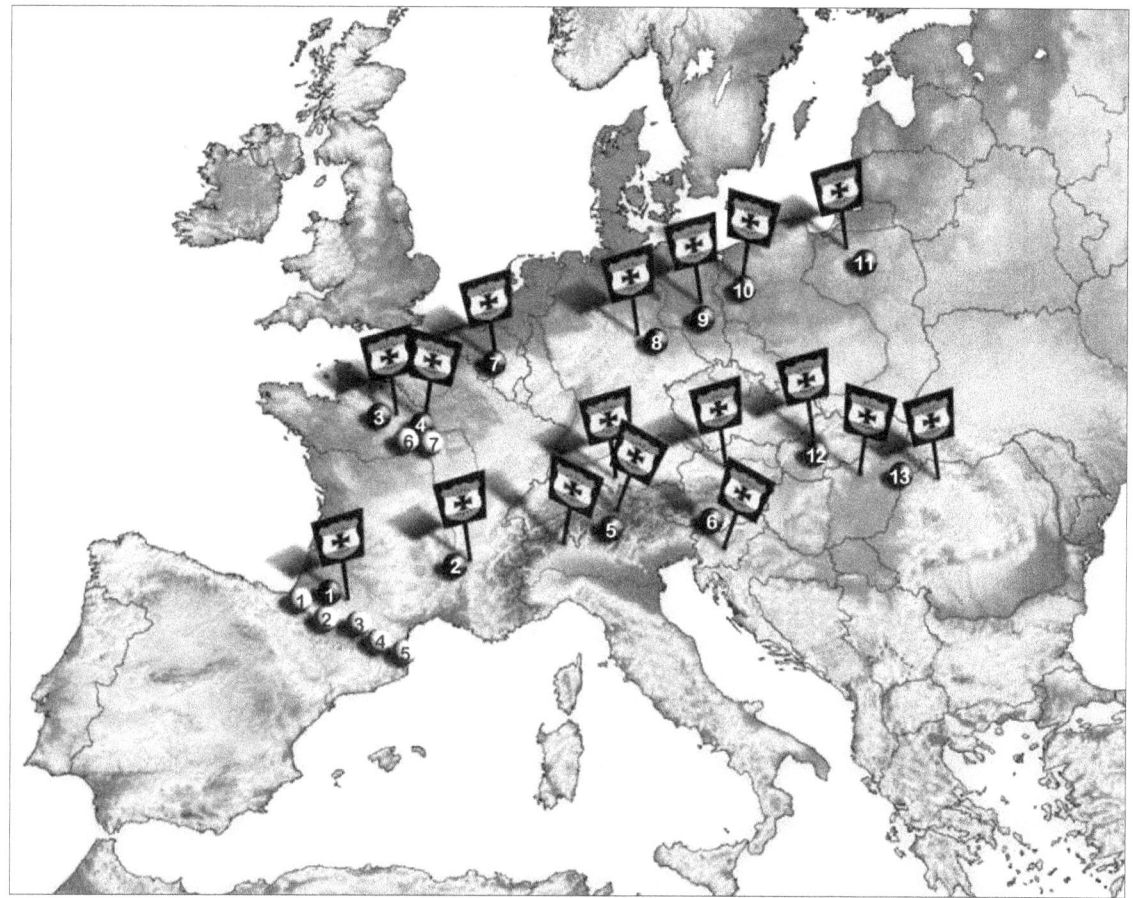

▲ Questa mappa mostra con sfere bianche le diverse località legate al "reclutamento" di spagnoli che attraversavano il confine dei Pirenei per arruolarsi nell'esercito tedesco.
1: Hendaye.
2: Andorra.
3: Confine di Puigcerdá.
4: Port Bou.
5 :Versailles.
6: Parigi.
7: Lourdes.

Contrassegnate da sfere nere sono le varie località europee in cui i soldati spagnoli hanno combattuto sotto il marchio della LEV, sia nella Wehrmacht che nelle Waffen SS.
1. Area dei Pirenei francesi. Lotta antipartigiana.
2. Zona prealpina francese. Lotta antipartigiana.
3. Sbarco in Normandia.
4. Caserma della Regina. Versailles.
5. Italia settentrionale. Lotta antipartigiana.
6. Jugoslavia settentrionale. Lotta antipartigiana.
7. Belgio. Battaglia del Bulge.
8. Battaglia di Berlino.
9. Difesa della zona del fiume Oder.
10. Scontri vari. Fronte orientale.
11. Scontri vari. Fronte orientale.
12. Addestramento in varie località austriache.
13. Combattimenti in Romania e Slovacchia.

Per gentile concessione di Almena.

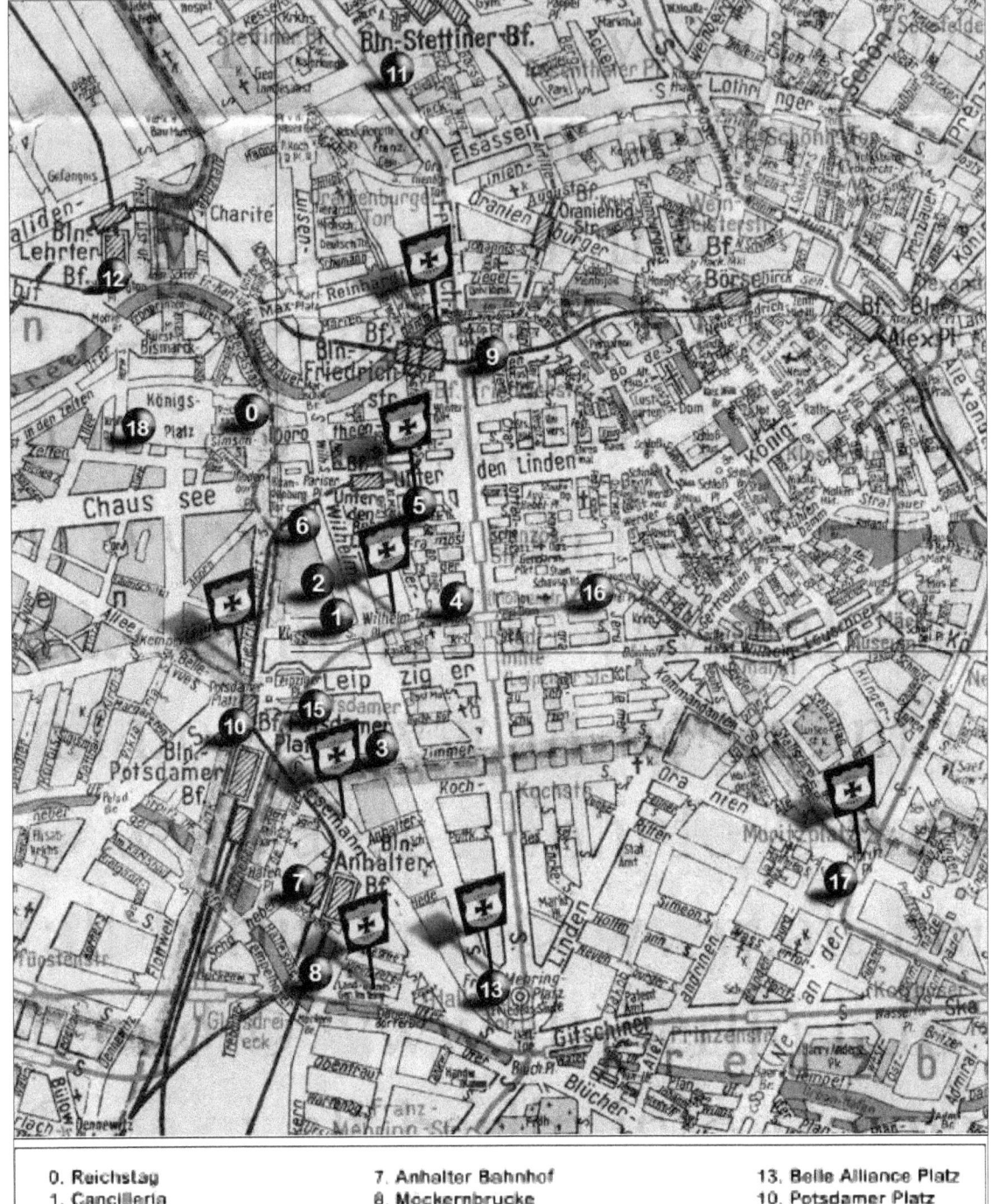

0. Reichstag
1. Cancilleria
2. Fuhrerbunker
3. Ministerio del Aire
4. Hotel Kaiserhof
5. Reichsbank
6. Hotel Adlon
7. Anhalter Bahnhof
8. Mockernbrucke
9. Bahnhof Friedrichstrasse
10. Postdamer Bahnhof
11. Stettiner Bahnhof
12. Lehrter Bahnhof
13. Belle Alliance Platz
10. Potsdamer Platz
15. Leipziger Platz
16. Hans Vogtel Platz
17. Moritz Platz
18. Königs Platz

▲ Mappa del centro di Berlino nel 1945 con l'ubicazione delle strade principali, degli edifici e dei luoghi in cui combatterono i volontari spagnoli. Tutti questi luoghi sono citati nel corso del libro. Per concessione di Almena.

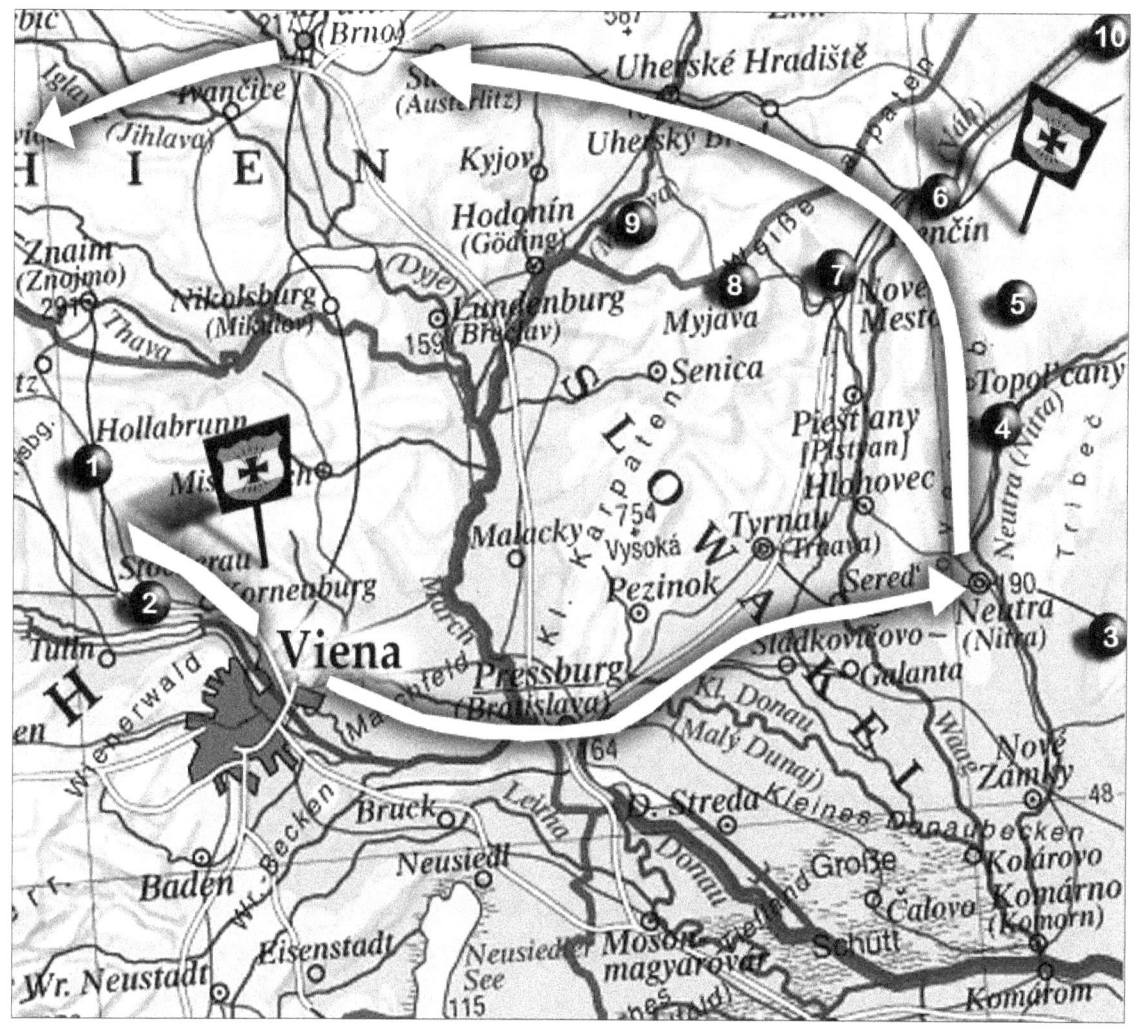

▲ Il percorso seguito dalla 357ª Divisione di fanteria della Wehrmacht dalla partenza dalla caserma in Austria verso il territorio slovacco (ipoteticamente fino a Nitra) e la successiva ritirata in combattimento di fronte all'avanzata dell'esercito sovietico da Nitra a Ceska Budejovice (a est) via Brno (febbraio e maggio 1945).
Località dell'area austro-slovacca a nord-ovest e nord-est di Vienna attraverso le quali gli uomini della 102ª Compagnia spagnola passarono mentre erano integrati nella 357ª Divisione di fanteria.

1 Hollabrun;
2 Stockerau;
3 Vráble;
4 Topoľcany;
5 Bánkovce;
6 Trencín;
7 Nove Mesto na Váhom;
8 Myjava;
9 Stráznice;
10 Belusa.

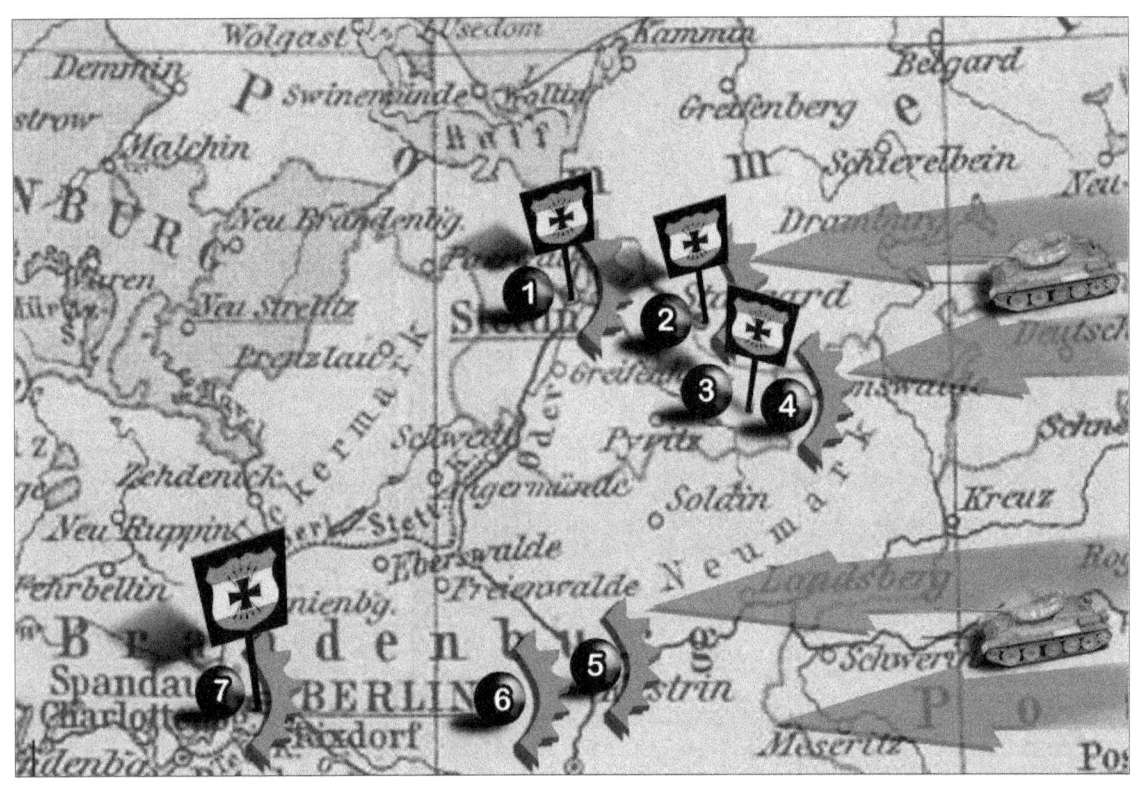

▲ Ubicazione delle diverse località a nord e a est di Berlino dove si svolsero importanti scontri con le truppe sovietiche nel 1945: 1 Stettin, 2 Stargard, 3 Kollin, 4 Arnswalde, 5 Kustrin, 6 Seelow, 7 Berlino.
Nella 1, 2 e 3 erano presenti truppe spagnole incorporate nella Divisione "Wallonien"; e nella 7 con l'Unità Ezquerra incorporata nella Divisione "Nordland".

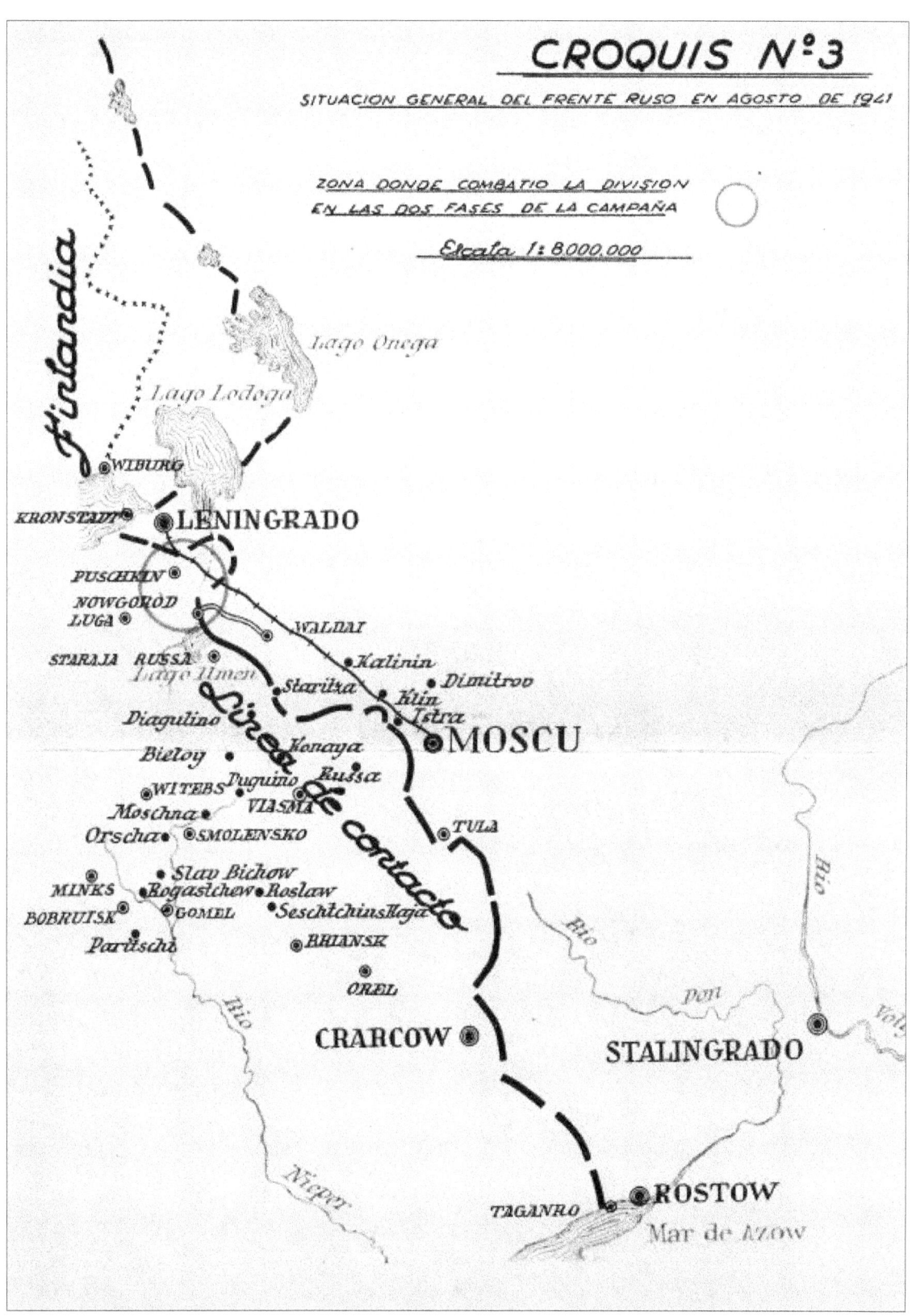

▲ Situazione generale del fronte orientale nell'agosto 1941. Per gentile concessione della Biblioteca Guripa.

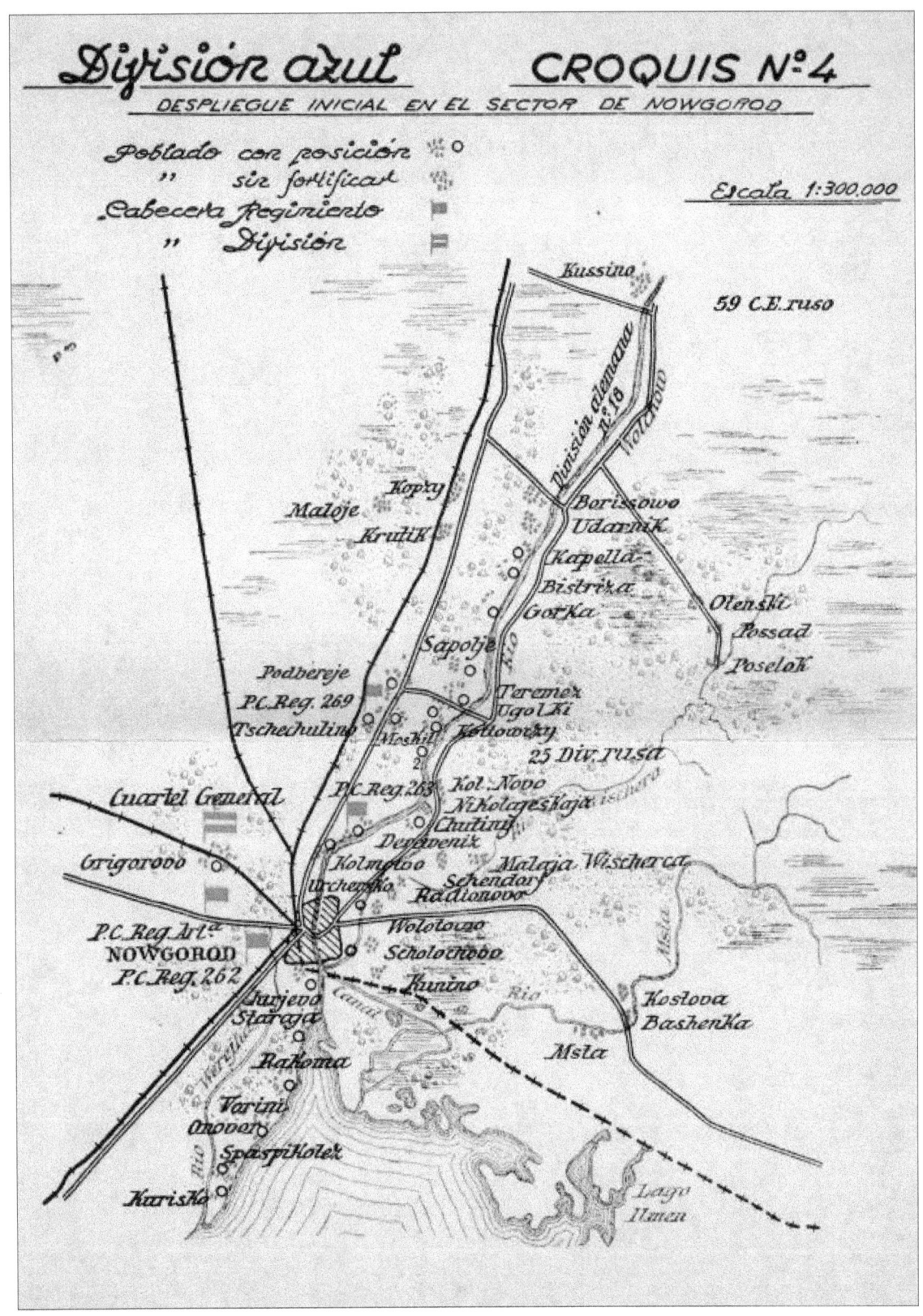

▲ Schieramento iniziale nel settore di Novgorov della Divisione Blu. Per gentile concessione della Biblioteca Guripa.

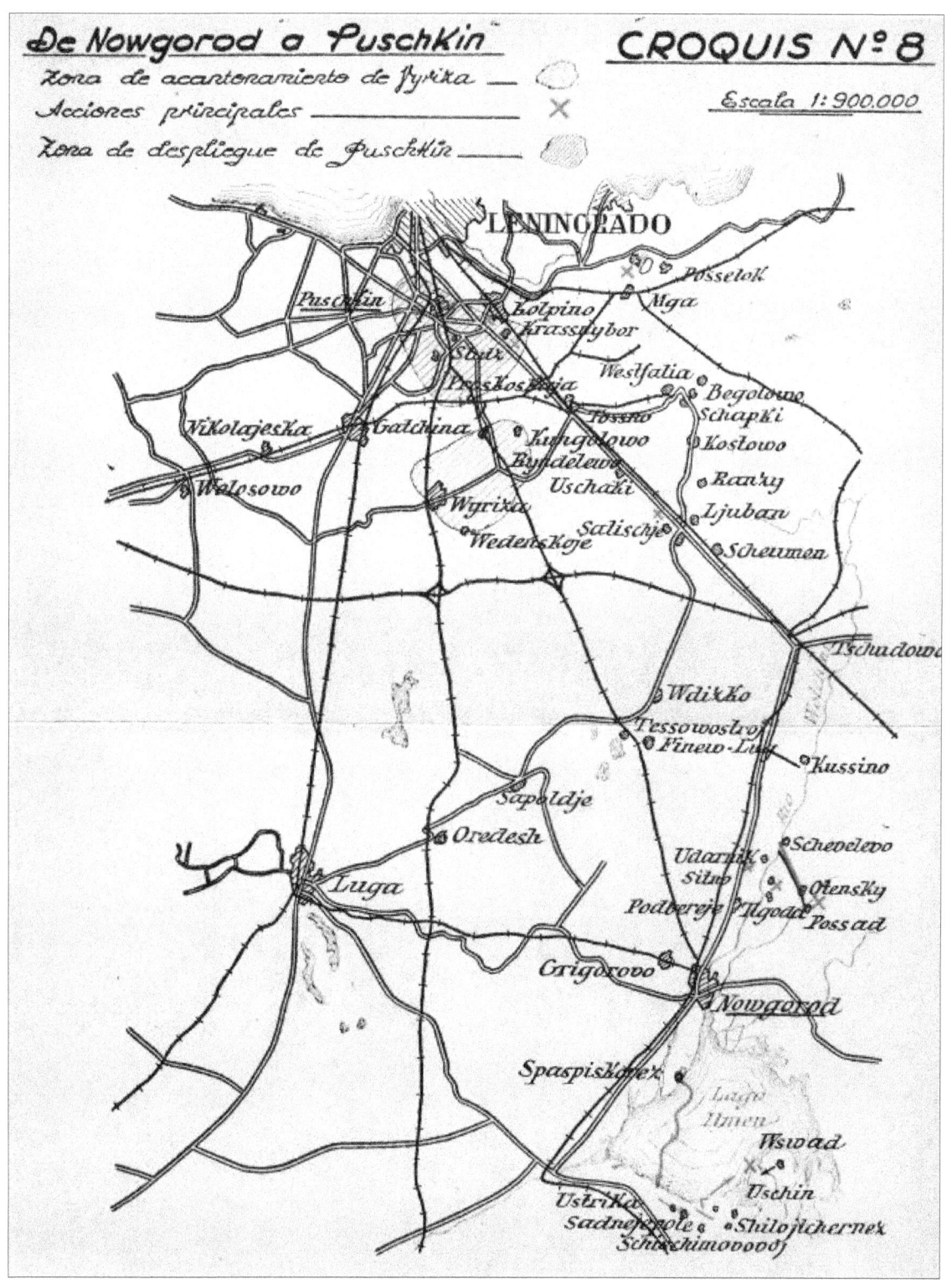

▲ Schieramento della Divisione Blu da Novgorov a Puschkin, clonando le principali azioni dei soldati spagnoli. Per gentile concessione della Biblioteca Guripa.

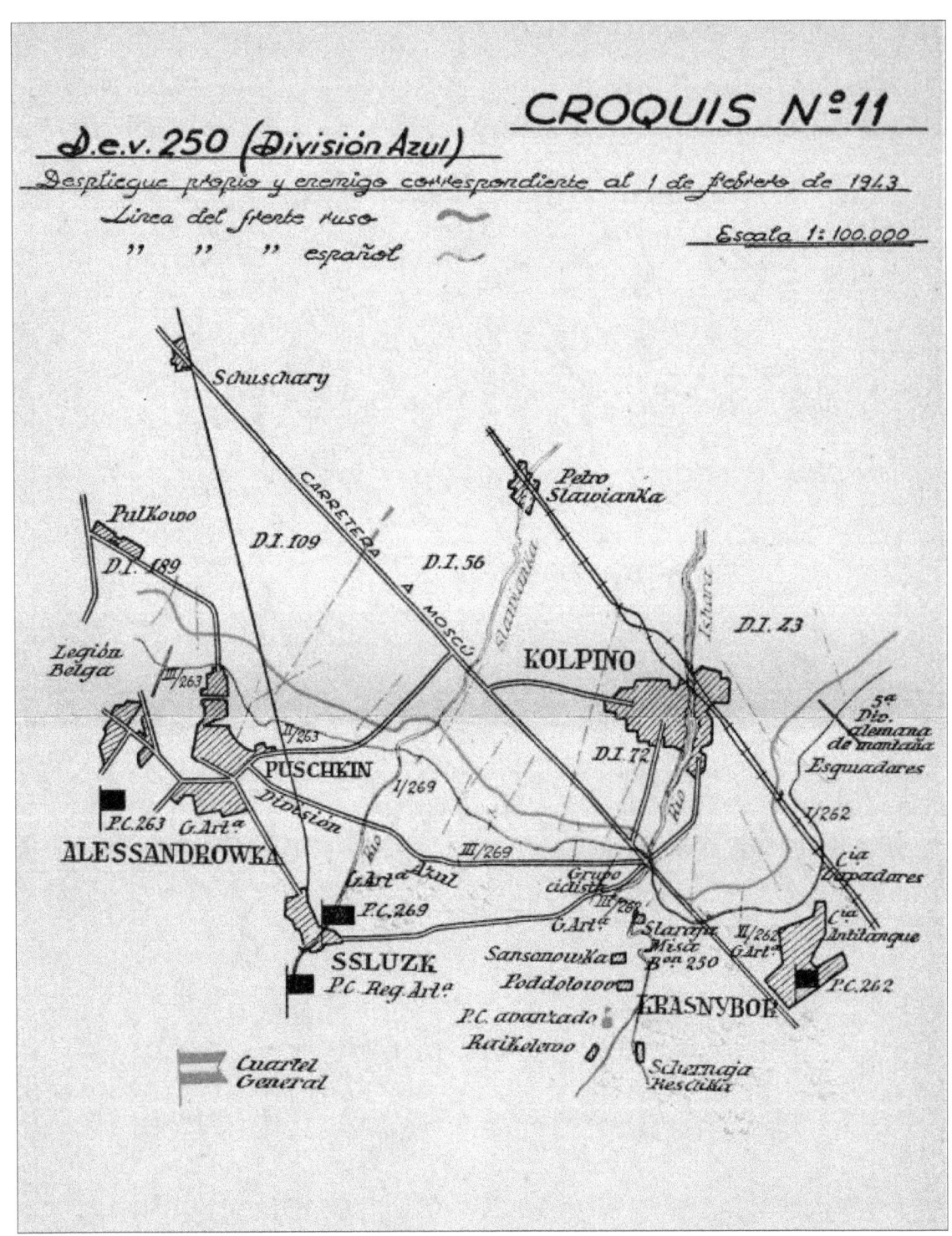

▲ Schieramento della Divisione Blu il 1° febbraio 1943, giorni prima della battaglia di Krasny Bor. Per gentile concessione della Biblioteca Guripa.

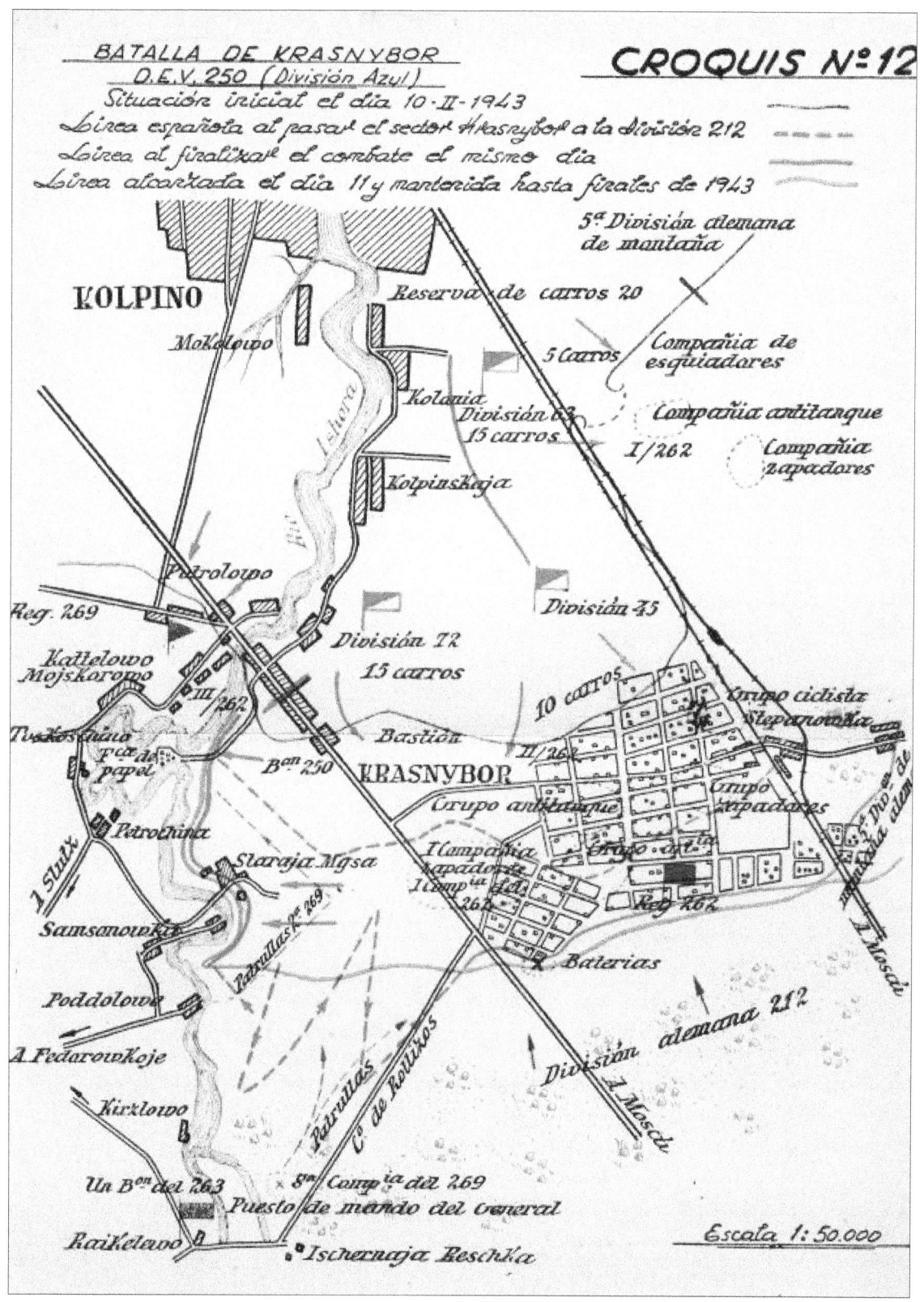

▲ Battaglia di Krasny Bor (10 febbraio 1943). Per gentile concessione della Biblioteca Guripa.

BIBLIOGRAFIA

Ailsby, C. Hell on the eastern front. The Waffen SS war in Russia. 1941-1945. Brown Packaging Books Ltd. 1998.

Alcaide, J. A. Berlín a muerte. Revista española de historia militar. Nº 10. Quirón Ediciones. 2001.

Antill, P. Berlin 1945. End of the thousand year Reich. Osprey Publishing. 2005.

Archivos del Ministerio de Asuntos Exteriores.

Arráez Cerdá, J. Les espagnols de la Wehrmacht. La División Azul. Ciel de Guerre 19. 2011.

Bajo las banderas del III Reich alemán. Españoles en Rusia, 1941-1945. Defensa. Mayo 1999.

Beevor, A. Berlín 1945. La caída. Memoria Crítica. 2002.

Berlin 1945. Magazine 39-45. nº 82. Hors-Série Historica. 2005.

Berlin 1945. Magazine 39-45. nº 83. Hors-Série Historica. 2005.

Biddiscombe, P. Los últimos nazis. El movimiento de resistencia alemán 1944-1947. Books4pocket 74. Inédita Ediciones. 2008.

Bishop, C. Hitler´s foreign divisions. Foreing volunteers in the Waffen-SS 1940-1945. Amber Books Ltd. 2005.

Bowen, Wayne H.: «The Ghost Battalion: Spaniards in the Waffen-SS, 1944-1945», The Historian, vol. 63 (2001).

Boyle D. La II guerra mundial en imágenes. EDIMAT Libros S.A. 2000.

Bueno, J. M. La división y la escuadrilla azul. Su organización y sus uniformes. Aldaba militaria. 2003.

Caballero, C. División Azul. Estructura de una fuerza de combate. Galland Books. 2009.

Caballero, C. Carlomagno. Voluntarios franceses en la Waffen SS. García Hispán. 2003.

Caballero, C. División Azul. Estructuira de una Fuerza de Combate. Galland Books. 2009.

Caballero, C. La División Azul. La Esfera de los Libros. 2019.

Caballero, C; Guillén, S: Las escuadrillas azules en Rusia, Almena, Madrid, 1999.

Caballero, C. Morir en Rusia. La División Azul en la batalla de Krasny Bor. Quirón Ediciones. 2004.

Caballero, C: El batallón fantasma. Españoles en la Wehrmacht y Waffen-SS, 1944-45, CEHRE y ACTV, Alicante-Valencia, 1987.

Caballero, C: Los últimos de los últimos. El batallón fantasma. Extra nº 53. Revista Defensa.

Caballero, C: Waffen-SS. Los centuriones del III Reich. Extra nº 21. Revista Defensa.

Cardona. G. El gigante descalzo. Aguilar. 2003.

Darman, P. Uniforms of world war II. Blitz Editions. 1998.

Davis, B. L. German army. Uniforms and insigniia. 1933-1945. Brockhamptom Press. 1992.

De Caixal, D. Waffen SS. Los templarios de Hitler en combate. Almena. 2003.

Escuadra, A: Bajo las banderas de la Kriegsmarine. Marinos españoles en la Armada alemana, Fundación Don Rodrigo, Madrid, 1998.

Ezquerra, M. Berlín a vida o muerte. García Hispán. 1999.

Fernández, F. Carros de combate y vehículos acorazados alemanes. Servicio de publicaciones del EME. 1988.

Fey, W. Armor battles of the Waffen SS. 1943-45. Stackpole Books. 2003.

García, A M. "Galubaya Divisia". Crónica de la División Azul. Fondo de Estudios Sociales. 2001.

García, M. Semíramis, 1954: El regreso de los cautivos de la División Azul. Nº 46 Revista Española de Historia Militar.

Gil Martínez, Eduardo Manuel. Españoles en las SS y la Wehrmacht. La unidad Ezquerra en la batalla de Berlín 1945. Almena. 2011.

Gómez, M S; Sacristán, E. España y Portugal durante la Segunda Guerra Mundial. Espacio, Tiempo y Forma. Serie V. Hª. Contemporánea, nº 2, 1989, págs 209-225.

Gómez, M S. España y Portugal ante la Segunda Guerra Mundial desde 1939 hasta 1942. Espacio, Tiempo y Forma. Serie V. Hª. Contemporánea, t 7, 1994, págs 165-179.

González Pinilla, A. La División Azul en el periódico Enlace. Gutiskland. 2018.

González Pinilla, A. La Legión Clandestina. Gutiskland. 2021.

Hamilton, A.S. Bloody Street. The Soviet assault on Berlin. Helion. 2020.

Heiber, H. Hitler y sus generales. Memoria crítica. 2005.

Holzträger, H. In a raging inferno. Combat units of the Hitler Youth 1944-45. Helion. 2000.

Jacobsen, HA. Dollinger, H. La Segunda Guerra Mundial. Volumen octavo. Plaza & Janés Editores S.A. 1989.

Keegan, J. Waffen SS. Los soldados del asfalto. Editorial San Martín. 1979.

Kent, C; Wolber, T; Hewitt, C. The Lion and the Eagle: German-Spanish Relations Over the Centuries ; an Interdisciplinary Approach. Berghahn Books, 1999.

Kleinfeld, G. Tambs, L. La división española de Hitler. La División Azul en Rusia. Editorial San Martín. 1983.

Kurowski, F. Hitler´s last bastion. The final battles for the Reich. 1944-1945. Schiffer Military History. 1998.

L´agonie du III. Reich. 1945. Berlin. Batailles & Blindés Hors-Serie nº 1. 2005.

Lagarde, J. German soldiers of world war two. Histoire & Collection. 2005.

La Segunda Guerra Mundial. Victoria en Europa I. Time Life Folio. 1995.

Lehmann, A. En el bunker de Hitler. Testimonio de un niño soldado que vivió los últimos días del Führer. Editorial El Ateneo. 2005.

Loringhoven, B. F. En el bunker con Hitler. Booket. 2007.

Lumsden, R. SS Regalia. Grange books. 1995.

Mabire, J. Los Waffen SS franceses. Los últimos defensores de Hitler. Biblioteca Nacionalsocialista Iberoamericana Volumen V. 2003.

Martínez Canales, F. Lenigrado 1941-44. Almena. 2009.

Mitcham, S W. German order of battle. Volume two. Stackpole Military History Series. 2007.

Mollo, A. The armed forces of World War II. Uniforms, insignia & organization. Greenwich Editions. 2000.

Morales, G; Togores, L E. Las fotografías de una historia. La División Azul. La Esfera de los Libros. 2008.

Moreno, X. Legión Azul y Segunda Guerra Mundial. Actas Editorial. 2014.

Moreno, X. La División Azul. Sangre española en Rusia, 1941-1945. Booket. 2006.

Muñoz, A. Göring´s Grenadiers. The Luftwaffe Field Divisions 1942-1945. Axis Europa Books. 2002.

Nart, J. El Jefe español de las SS. Interviú núm. 339, Madrid, noviembre de 1982.

Norling, S E. Guerreros de Borgoña. Historia de los voluntarios valones de León Degrelle en el Frente del Este. El ocaso de los Dioses (1944-1945). García Hispán Editor. 2008.

Norling, S E. Raza de Vikingos. La División SS Nordland (1943-1945). García Hispán Editor. Segunda Edición.

Norling, S E. The story of a Spanish Waffen SS-Officer. SS-Obersturmführer R. Luis García Valdajos. Siegrunen 79.

Núñez Seixas, X M: «¿Un nazismo colaboracionista español? Martín de Arrizubieta, Wilhelm Faupel y los últimos de Berlín (1944-45)», Historia Social, 51 (2005).

Pallud, JP. Parker, D. Volstad, R. Ardenas 1944: Peiper y Skorzeny. Ediciones del Prado. 1994.

Pérez, C A. Españoles en la Segunda Guerra Mundial (I) Combatiendo por el III Reich. 2006 (texto en internet).

Pérez, Manuel; Prieto, Antonio. Legión Española de Voluntarios en Rusia. Los últimos de la División Azul. Actas Editorial. 2014.

Peterson, D. Waffen SS Camouflage Uniforms & Post-War Derivates. Windrow & Green Ltd 1995.

Puente, M. Yo, muerto en Rusia. Memorias del Alférez Ocañas de la División Azul. Editorial San Martín. 2003.

Recio, R. Españoles en la segunda guera mundial (el frente del este). Vandalia. 1999.

Recio, R. González, A. Uniformes del ejército de tierra alemán. Heer 1933-1945. Euro Uniformes.

Recio, R; González, A. Das Heer. Uniformes y distintivos. Agualarga. 1996.

Ryan, C. La última batalla. La caída de Berlín y la derrota del nazismo. Salvat. 2003.

Simons, G. La Segunda Guerra Mundial. Victoria en Europa I. Time Life Folio.1995.

Sourd, Jean-Pierre. True Believers. Spanish Volunteers in the Heer and Waffen-SS, 1944-1945, Europa Books, New York, 2004.

Sourd, Jean-Pierre. Croisés d´un idéal. Dualpha. 2007.

Torres Gallego, Gregorio. El gran libro de Diccionario del Tercer Reich. Tikal. 2009.

Torres Gallego, Gregorio. «Españoles en las Waffen SS. Italia, 1945», Revista Española de Historia Militar, nº10. 2001.

Trevor, H. R. Los últimos días de Hitler. José Janés Editor. 1949.

Tusell, J. Gran Crónica de la Segunda Guerra Mundial. Volumen 16. Edilibro. 1945.

Vadillo, F. Los irreductibles. García Hispán. 1993.

Waffen SS. Los centuriones del Reich. Defensa. Febrero 1993.

Westwell, I. Brandenburgers. The Third Reich´s special forces. Ian Allan Publishing.2003.

Williamson, G. Las SS: Instrumento de terror de Hitler. Ágata. 2002.

Williamson, G; Andrew, S. The Waffen-SS (4). 24 to 38 Divisions & Volunteer Legions. Osprey Publishing. 2004.

Ziemke, E. F. La batalla de Berlín. Fin del Tercer Reich. San Martín. 1982.

SITOGRAFIA

web www.agrupacion1seis.com

web http://er.users.netlink.co.uk/biblio/ibarruri/armando.htm Política exterior franquista y la Segunda Guerra Mundial por Armando López Salinas

web www.exordio.com

web www.forosegundaguerra.com

web http://greyfalcon.us

web http: //groups.msn.com/memoriadivisionazul/general.msn

web www.gutenberg-e.org

web www.hispanismo.org

web www.history.navy.mil/library/online/germandefberl.htm

web www.historynet.com

web HistoriasigloXX.org

web www.lssah.es

web http://memoriablau.foros.ws

web www.militar.org.ua

web www.mundosgm.com Forum.

web http://www.theeasternfront.co.uk

web usuarios.lycos.es/jnroldan/index.htm

web http://visantain.iespana.es/

web http://wikanda.cordobapedia.es

web Wikipedia. Varios artículos.

web www.ww2f.com

web www.zweiterweltkrieg.org Forum.

TITOLI GIÀ PUBBLICATI - TITLES ALREADY PUBLISHING

BOOKS TO COLLECT

www.ingramcontent.com/pod-product-compliance
Lightning Source LLC
LaVergne TN
LVHW081452060526
838201LV00050BA/1781